繪本小學堂

與0—6歲孩子一起悅讀

葉嘉青◎著

序

散播親子及
師生共讀的種子

　　《繪本小學堂：與0－6歲孩子一起悅讀》的出版需感謝幼
獅文化公司的總編輯劉淑華女士，因她的鼓勵促使我將多年負責
早期閱讀研究、教學與推廣的心得整理成書，希望能提供給更多
家長、老師及熱愛繪本的朋友們參考。基於易讀性及實用性的考
量，全書共分為〈分齡閱讀篇〉、〈多元閱讀篇〉、〈啟發式閱
讀篇〉三篇，並將書中所提及的好繪本註明創作者名及原文書名
以方便讀者們參考。

　　〈分齡閱讀篇〉談的是父母與老師們最關心的，如何依照孩
子的年齡與興趣選擇好繪本並適宜地運用，以促進孩子的學習與
能力。隨著孩子發展年齡的不同，所需選擇的繪本與共讀模式差
異很大，因此依照0－2歲嬰兒與學步兒的發展階段，以及3－6歲
幼兒的發展階段做劃分，介紹不同的閱讀引導方式、選書原則，
並解答父母與老師們常提出的共讀問題。〈多元閱讀篇〉是希望
能幫助父母與老師從閱讀的不同角度及面向提供孩子多元題材、

文體與型式的繪本，並搭配引起不同共鳴點的學習策略，讓孩子經驗全方位的閱讀。〈啟發式閱讀篇〉是提供父母與老師一些運用繪本寓教於樂的活動，例如：聰明提問的模式、經典童話版本的比較與改編、角色扮演的遊戲，讓孩子體驗生活中與各領域相關的知識，啟發他們的邏輯推理與創意想像。此外，為了幫助讀者認識不同的創作者，並欣賞其風格之餘能更進一步的鑽研與應用，本書特別同場加映「與繪本大師的美好相遇」，以創作許多經典嬰幼兒繪本的艾瑞·卡爾（Eric Carle，1929出生至今），以及作品中富詩意及哲理的謝爾·希爾弗斯坦（Shel Silverstein，1930～1999）為例，談談如何綜觀某位創作者的作品，並進行共讀活動。

在此也要特別感謝責任編輯黃淨閔女士、美術編輯李祥銘先生的專業協助，他們不僅盡心盡力地務求內文賞心悅目，也透過封面設計傳神的表現這本書的宗旨-期盼為0~6歲的親子及師生打開一扇閱讀的大門，同享繪本悅讀的喜樂與美好。最後感謝將繪本封面圖像授權的所有出版社，因您們的幫助使這本書能順利出版。全球性的早期閱讀活動在臺灣努力耕耘多年了，很榮幸能置身前線參與散播親子及師生共讀的種子，並欣喜見證它帶來的正面效應，衷心期盼《繪本小學堂：與0－6歲孩子一起悅讀》能陪伴愛孩子與繪本的您共享悅讀。

作者序◎葉嘉青

散播親子及師生共讀的種子

分齡閱讀篇
愛閱孩子養成計畫開始囉！

以適齡適性的好繪本陪伴孩子順利完成不同階段的發展任務，
解決心理社會的發展難題，促進各項領域的成長與學習。

0~2歲

讓寶寶看書，會不會太早了？

近年來世界各地不遺餘力的推廣嬰幼兒早期閱讀活動，各種研究報告紛紛強調早期閱讀對嬰幼兒的重要性與必要性，全球多樣化的繪本也如雨後春筍般不斷推陳出新。到底學齡前的嬰幼兒會閱讀嗎？年齡多大開始閱讀最恰當？從閱讀中嬰幼兒可以學習到什麼？該如何幫助嬰幼兒喜歡閱讀？以及該如何選擇及應用適合嬰幼兒的繪本？

早期閱讀的成效

英國從1992年發起了Bookstart嬰幼兒閱讀贈書活動，伯明罕大學的韋德和摩爾（Barrie Wade & Moore Maggie，2000）兩位教授接受委託，針對第一批參加Bookstart的300個家庭做長期追蹤，結果證明參加早期閱讀活動的

寶寶，比沒有參加的寶寶就學準備度較高，且在數學、語文、閱讀與科學領域的學業成績，都超越同年級學生的平均表現，而68％的孩子會將閱讀視為最喜愛的活動之一。因確認愈早閱讀愈好及親子共讀的重要性，直到目前Bookstart都是由英國政府支持贊助的全國性嬰幼兒贈書活動，各國也陸續加入成為全球性的早期閱讀活動。以上成效顯示鼓勵早期閱讀有下列正面影響：

‧閱讀不僅能增進寶寶大腦的語文能力發展，透過和寶寶描述與討論書本內容時的感覺、觀察與反應，也能提升他們社會、情緒、認知、審美等領域的發展。

‧透過親子共讀時的模仿與學習，寶寶能學會閱讀的方式，並了解故事情節如何發展，熟悉從開頭、過程到結尾的敘事結構，也有助於建立邏輯思考的能力。

‧溫馨的親子共讀能增進親子的感情，並讓寶寶認為閱讀是件愉快、有趣又有價值的事，進而成為喜愛閱讀的終身讀者。

趣味探索是閱讀的起點

　　即使世界各地研究強調早期閱讀對孩子的重要性，但許多父母仍會質疑小寶寶根本坐不住也不識字，為什麼需要閱讀？太早閱讀會不會揠苗助長？其實早期啟蒙式的閱讀主要是開啟孩子對閱讀的興趣、建立閱讀的習慣，並透過愉快的親子共讀增進親子關係及孩子各方面能力的發展。

　　當我們看到三個月大的嬰兒仰臥在床上，全神貫注的盯著布書上黑白的圖畫，他們正在閱讀。一歲半大的學步兒忙著一會兒拋書本，一會兒拍打頁面上可愛的小熊圖案，一會兒又翻開書本的摺頁玩躲貓貓遊戲時，他們正忙著閱讀。對0～2歲的寶寶而言，閱讀的起點是自由與自發性的趣味探索。父母需做的第一件事就是為寶寶準備適齡的書籍，對於還不識字的寶寶來說，用圖像說話的繪本是最好的選擇之一。瑞士發展心理學家尚・皮亞傑（Jean　Piaget）提出：0～2歲的孩子會

認為書中的人事物皆有生命，像是會親吻對其微笑的寶寶照片，或拍打畫面中「可怕的」角色，例如：《走開，綠色怪物！》（*Go Away Big Green Monster*，Ed Emberley）。這本書運用色彩鮮明的幾何圖形及鏤空剪裁的

《走開，綠色大怪物！》
文・圖／艾德・安柏利
臺灣麥克

效果，讓孩子隨著翻頁逐漸堆疊出具像的怪物面孔，然後透過發出重複句型的指令與連續的翻頁動作將怪物趕走。這樣一面用節奏及韻律感強的文本朗讀，一面像施魔法般將怪物趕走的閱讀過程，能讓孩子輕鬆的克服恐懼。繪本與一般認知或識字的圖卡不同，圖卡是以單點的方式認識一個字或一樣事物；而繪本的故事情節呈直線或多線的方式發展，閱讀時有助於刺激孩子的想像力，建立邏輯思考的能力。

親子共讀能促進情感交流

　　富觀察力的父母、有經驗的幼教老師及許多的研究都認為，當細心的成人以優質的繪本與嬰幼兒互動時，能促進他們各領域的發展及情感的交流。例如：當父母念繪本給孩子聽時，能夠幫助寶寶了解文字的意義與書寫方式、圖畫與文本間的關係，以及故事如何發展出起承轉合的順序。在閱讀的同時，也能透過對角色的投射，提供表達能力尚未成熟的寶寶學習如何表達想法與感覺，例如：《小熊可可》（*Corduroy*，Don Freeman）描述可可寂寞的待在百貨公司的櫃子上，渴望有人愛他並帶他回家，可惜他因為少了一顆釦子而遭受拒絕。於是可可展開了一段找釦子的冒險。故事中可可的孩子氣、對愛及歸屬感的渴望，以及鼓起勇氣冒險

《小熊可可》
文・圖／唐・菲力曼
上誼文化

的精神，喚起了寶寶的內在情感，描述了他們愛人及被愛的經驗，將自我融入在故事中。另一個經典故事是《猜猜我有多愛你》（*Guess How Much I Love You*，Sam McBratney），清新流暢的文圖感動人心，

《猜猜我有多愛你》
文／山姆・麥克布雷尼
圖／安妮塔・婕朗
上誼文化

透過大、小兔子的純真對話與對愛的表達，滿足寶寶對愛的需求，所以，讓寶寶看書，一點也不嫌早哦！

引發寶寶的閱讀興趣

　　0～2歲孩子的啟蒙式閱讀，著重在過程是否愉快有趣，進而引發寶寶主動閱讀。以下提供一些提升親子共讀品質的建議：

(1) 親密的擁抱孩子，讓孩子依偎在懷中享受舒適的閱讀經驗。根據研究，擁抱會促使人體分泌更多的催

產素，產生安全感、提升信任度及減少壓力。溫暖的擁抱對於嬰幼兒來說也是一種愛的溝通與保證。

(2) 以輕鬆愉悅的心情共享閱讀的樂趣，而不要讓孩子覺得父母在「教」他們。

(3) 當孩子的精神狀態良好時共讀，也可以選擇一個固定的時段閱讀，例如：透過睡前的共讀儀式，讓孩子放輕鬆及培養閱讀的習慣。

(4) 重複朗讀孩子所喜愛的一些書，這會帶給他們滿足感與安全感，即使書本相同，每次所觀察或感受到的會不同或更精熟。

(5) 第一次接觸某繪本時，可以用「看圖說故事」的方式代替「朗讀」，注意不要跳頁，以免孩子對於故事的進展感到困惑。

(6) 朗讀時放慢速度，共同欣賞每一頁的圖畫，並回應孩子的意見及對特定圖像的好奇。例如：仔細朗讀《胡蘿蔔種子》（*The Carrot Seed*，Ruth Krauss）

時，能感受到簡單重複的結構中具有一種節奏感，彷彿鼓勵著寶寶像主角小男孩一樣，即使再三遭遇挫敗，仍努力尋求獨立自主與建立自信。

《胡蘿蔔種子》
文／露絲·克勞斯
圖／克拉格特·強森
上誼文化

(7) 閱讀時表現出對故事的興趣，並利用聲音表情來加強說故事的效果，描述的語詞可以豐富些，並且隨著角色及情節的不同轉換聲調與音量。例如：《砰砰！蹦蹦！》（ぽんぽんポコポコ，長谷川義史）由不同的逗趣角色輪番出場拍肚皮。文本富節奏感，適合喜歡重複音節，開始有意識的透過聲音變化及肢體動作玩語言遊戲的寶寶。可以抱著寶寶，模仿書中輕敲寶寶肚皮及呵癢的動作，提升寶寶對聲音及觸感的敏銳度。

(8) 當孩子熟悉某本繪本後，可以讓他一起參與說故

事，並預測下一頁會發生什麼事。例如：《小雞》

（ひよこ，中川宏貴）一書中，在一連串的疑問及

驚嘆聲中，可愛的小雞現身了。正當寶寶欣喜於謎

題揭曉時，牠卻「咚、咚、咚、咚」地將寶寶帶往

《小雞》
文／中川宏貴
圖／平田利之
親子天下

第二個謎題去。欣賞這個富

玄機的溫馨故事時，可以依

照詞性和語句的變化調整音

調，並鼓勵寶寶模仿發音和

對話。也可以指出圖畫中趣

味的設計和寶寶分享，或

讓寶寶運用手指及目光跟

著小雞腳下一路變化的地平線找到

母雞，訓練手眼協調的能力。

(9) 描述親子共讀的過程，讓孩子清楚步驟及接下來將

進行的活動，並提出問題。例如：請孩子負責拿取

及翻閱《小金魚逃走了》（きんぎょ が にげた，

五味太郎），然後父母指著封面說：「你看，小金魚在哪裡呢？」等孩子指出後，父母說：「哦，在這裡！他周圍有好多玩具：球、積木……」「小金魚為什

《小金魚逃走了》
文‧圖／五味太郎
信誼出版

麼要逃走呢？」「讓我們一起翻開書，找一找小金魚要逃去哪裡吧。」進行的過程讓孩子有充分的時間觀察、思考及回應。

(10) 先與孩子談談故事的因果關係及對故事本身的喜惡，再將書中的人事物與孩子的生活經驗連結，並問他的想法與感覺，例如：共讀《抱抱！》（*Hug*，Jez Alborough）時，大人可以說：「喔，你擔心小猩猩找不到媽媽呀？」「當你看不到媽媽時，會像小猩猩一樣著急或哭嗎？」「你也和小猩

《抱抱！》
文‧圖／傑茲‧阿波羅
上誼文化

猩一樣喜歡媽媽抱抱嗎？」

　　引導寶寶進入繪本的世界，就像領航者手把手的帶著寶寶進入多元且千變萬化的佳美之地。一旦寶寶找到了優遊書海的方法與體會到探索其間的美好，將會主動且持續的沉浸在閱讀的習慣中而終身受益。

該怎麼幫寶寶選書呢？

　　「書本」是啟蒙寶寶閱讀很重要的工具。適合寶寶的書除了能夠豐富寶寶的生活外，更能增進親子關係，進而啟發他們未來的讀寫能力。所謂適齡適性的選擇並非畫下一道絕對的界線不准跨越，只要繪本的內容是孩子所熟悉的，並符合寶寶的發展需求，自然而然就會引起孩子的共鳴和興趣。

内容與生活經驗相關

　　針對0～2歲孩子的「認知理解」與「生理發展」，適合與吸引他們的繪本主題最好與寶寶的生活經驗相關，且聚焦在他們日常接觸的人、事、物上，例如：《我的小馬桶》（*Once Upon a Potty*，Alona Frankel）透過媽媽親切的旁白與可愛的圖畫，將主角約書亞（男生版）和普魯丹絲（女生版）的生理構造，以及從小換穿尿布到學習使用小馬桶的失敗與成功的過程，連結到寶寶生活自理的主題上。

《我的小馬桶》
文・圖／愛羅娜・法蘭蔻
維京國際

圖畫明確、故事簡單有趣、互動性強

　　繪本的圖畫需具美感、清楚明確，讓寶寶容易辨認。故事應該簡單、具有熟悉的概念與有限的頁數。富含擬聲詞、韻文與旋律節奏的文本最容易讓寶寶琅琅上口，例如：《寶寶的肚臍在哪裡？》（*Where is Baby's Belly Bottom*，Karen Katz）每一跨頁的左頁，有一句固定模式的問句，搭配右頁上的小摺頁玩猜謎遊戲，鼓勵寶寶一邊朗讀，一邊練習操作手指的精細動作翻開摺頁找答案。

裝訂、印刷與設計具安全性

　　為保護寶寶的安全，須使用牢固耐用的裝訂方式、無毒的油墨與材料，書本邊角若處理為圓弧狀尤佳。基於寶寶小手的精細動作尚未發展成熟，尺寸較小的硬頁書最適合他們抓握、拿取與翻頁。如果是玩具書，像是布書、塑膠書必須經過經濟部標準局檢驗合格，標有燕

尾標誌或玩具公會檢驗合格的ST安全玩具標誌才能確保安全無虞。以下針對適合寶寶的書的外觀與型式提出一些參考：

精裝書

長、寬各約15公分，封面及封底可用微溼布清潔的精裝書。封面的圖畫及書名吸引寶寶，有助於他們預測書中的內容。作繪者姓名標示在封面上。

硬頁書

這種類型的書由結實的硬紙板構成，書角切割成圓弧狀，而特殊的裝訂也禁得起寶寶來回翻弄和探索。長、寬各約9公分，厚2.5公分的尺寸最適合寶寶抓握及帶著走。

布書

可以清洗，觸感柔軟，禁得起寶寶拍、啃、咬、擠壓等動作。

塑膠書

可以浸泡在水中，被擠壓不會變形，能當作寶寶洗澡以及遊戲的玩具。

立體書、翻翻書等特殊設計的書

書裡的特殊設計，能訓練寶寶的精細動作或鼓勵他參與遊戲，例如：觸摸不同材質的頁面、可以打開而發現驚喜的小摺頁、能看穿下一頁的挖洞設計等。

挑選寶寶有興趣的繪本

至於如何決定為寶寶說什麼故事或分享哪一本書？請父母相信自己是最了解孩子的選書專家，也可以參考幾項基本的步驟及條件。

選書的基本條件

(1) 將寶寶的發展情形、興趣、長處與成長階段的任務列入考量，例如：提供「刷牙」主題的故事給開始學習口腔保健的寶寶。

(2) 當了解寶寶喜歡哪些書
之後，可繼續提供延伸
閱讀廣度與深度的相關
繪本，例如：孩子讀了
《一起刷刷牙！》（はみ
がきおねがい！，和田琴
美），再用所附的牙刷玩

《小小貓咪丹丹：
刷牙刷～刷～刷》
文・圖／清野幸子
上誼文化

具進行閱讀遊戲。當建立起刷牙觀念後，再介紹孩子
讀《小小貓咪丹丹：刷牙刷～刷～刷》（ノンタンは
みがきはーみー，清野幸子），
在重複念唱中建立起刷牙的生
活習慣。然後進一步提供《鱷
魚怕怕，牙醫怕怕》（わにさ
んどきっ はいしゃさんどき
っ，五味太郎）解除孩子對看
牙醫的疑慮及發展同理心。

《鱷魚怕怕，牙醫怕怕》
文・圖／五味太郎
上誼文化

(3) 一次不要提供給寶寶太多本書，以免寶寶因過多選擇而無所適從，三到五本較適合。父母可先行篩選後，再請寶寶從中選擇自己喜歡的，這樣有助於提升寶寶的閱讀意願及參與感。

選書的步驟

首先將繪本從頭到尾瀏覽一番，感覺整體的氛圍與易讀性。然後只看文本，欣賞其文學性。接下來仔細的閱讀整本書，注意文與圖之間的和諧。最後嚴格的檢視編輯與製作的部分，包括美術設計及紙張的質感。所選的優質繪本需符合：

(1) 能有效運用內容的形式及結構。

(2) 圖畫與文本一致且互補。

(3) 圖畫與文本具動人的美感且符合孩子的程度。

(4) 圖畫與文本沒有刻板化的印象。

(5) 印刷品質與裝訂安全良好。

(6) 得到專業人士或機構的推薦。

 營造舒適的共讀時光

當選妥適合寶寶的優質繪本後，就可以準備和寶寶一同享受快樂的共讀時光了。親子共讀絕對是人生中一段美好的時光！對於寶寶未來的表現及讀寫能力發展也有很大的助益。與寶寶共讀時需要依照寶寶的年齡和個別差異做一些調整，以下有幾點訣竅可參考。

(1) 為寶寶準備一個舒適的場所，方便親子開心的共讀。在安靜舒適的環境中，父母用高低起伏的音調、臉部表情和肢體動作吸引寶寶。

(2) 讓寶寶自由選擇想要的書。提供兩到三本適合這個年齡的好書，讓寶寶自己挑選。

(3) 為寶寶介紹書本。如果是玩具書，可以先讓寶寶摸一摸、玩一玩，然後為他念書名和作繪者姓名，再透過圖畫和小提示，讓寶寶猜猜這本書在說什麼。

(4) 將書裡的圖畫和寶寶的經驗做連結。指著圖畫，和寶寶說說那是什麼，然後一起討論相同的經歷。

(5) 鼓勵寶寶說出或演出看到的內容。可以讓共讀經驗較多的一到兩歲的寶寶，開始練習「指物命名」（指著圖說出它的名稱）的遊戲，也可以讓寶寶表演內容及複述故事，訓練表達能力。

(6) 讓寶寶開始「暖身閱讀」。讓兩歲寶寶練習憑記憶及看圖說出故事的內容，就好像正式閱讀一樣。可以逐字逐頁的「讀」故事，偶爾也可以用手指一指文字。

(7) 鼓勵寶寶表達對故事的感受。鼓勵感受力較高的兩歲寶寶，說出對故事的感覺。父母也可以表現出對寶寶感受的認同。

　　親子共讀越早開始越好，早期的閱讀經驗與學習不僅能為寶寶打下良好的基礎，也能培養寶寶終身的閱讀習慣。透過父母的投入與示範，運用優質的繪本及閱讀方法，成就親子「悅讀」，無異是父母送給寶寶最棒的禮物。

親子共讀小診間

　　與寶寶分享書本的好處很多，但從選書到閱讀分享的過程常面臨各種挑戰，例如：0～2歲寶寶的注意力短暫、容易分心等，父母必須順應孩子的發展、背景與興趣做調整，以下針對父母常提出的問題提供一些應對的策略。

Q1 如果寶寶不喜歡看書，或看書時扭來扭去不專心，該怎麼辦？

A 的確有寶寶對於閱讀沒有興趣，但如果規律的將說故事與閱讀自然的融入他們每天的生活中，大部分的寶寶都會逐漸喜歡閱讀。我們可以運用寶寶喜愛的事物去引導他們，例如：提供給喜愛車子的寶寶車子圖鑑或擬人化的小車子的故事。由於寶寶多以感官遊戲來探索學習，也可以選擇一

些能夠讓寶寶一邊閱讀，一邊做感官探索遊戲的書，例如：觸摸不同質地的書、嗅書頁聞香味的書、隨著押韻節奏來擺動肢體或念唱的兒謠書。此外，一些包含互動設計的繪本也可以吸引寶寶的好奇心，例如：附加小摺頁的書，可以鼓勵寶寶打開摺頁發現驚喜，玩躲貓貓與預測的遊戲。

Q2 寶寶看書時坐不住，一下子就不想看了或跑開，應該要堅持讓他讀完整本書嗎？

A 寶寶注意力集中的時間較短，失去興趣時會不耐煩的推開書本或走開。此時不需要堅持寶寶一定得把整本書讀完，更不要在寶寶離開後，還持續的大聲朗讀，企圖吸引寶寶回來，這樣會引起寶寶對閱讀的反感。可以溫和的問：「下一頁還有有趣的故事喔，想不想再繼續看？」試著再引起寶寶的興趣。如果沒有效果，就不要勉強，等寶寶有興趣且注意力集中時間較長

時再一起閱讀。

Q3 寶寶喜歡把書倒著翻，或翻到某一頁就不肯往後翻了，該怎麼辦？

A 早期閱讀的行為是需要學習的，透過模仿和經驗的累積，一歲多的孩子普遍已經知道書不要顛倒拿，而且需要由前往後翻。如果寶寶執意翻到某頁就停止，或每次只讀書中的幾頁，有可能是因為其中有特別吸引他的地方。你可以順著寶寶所看的，問他問題或一起看圖說故事。這樣不僅能了解寶寶所關心的，也能引起寶寶繼續閱讀的興趣。

Q4 如果想分享一些母語以外的故事，該如何分享？

A 若以有趣的方式分享，會讓寶寶愛上非母語的故事。我們可以用有適合插圖和印有雙語的版本與寶寶分享，並以道具、CD輔助。如果寶寶熟悉了一個中文版的

故事，再和他分享這個故事其他語言的版本，可以吸引他以嶄新的方式去認識這個故事，並感受不同的語言。

Q5 寶寶喜歡撕書，而且教不聽，該怎麼辦？

A 寶寶開始撕書常是因為無法掌握拿書的方式和翻書的力道，而撕書的動作及聲音也常會讓寶寶覺得興奮，這時父母不宜有太激烈的反應而嚇著寶寶，可以提供一些經得起來回把玩和探索的硬頁書、布書及塑膠書讓寶寶練習翻閱。

此外，提供廢紙也可以滿足寶寶對「撕」的需求。早期閱讀不僅讓寶寶學習欣賞書本的內容，也包括學習閱讀與愛惜書本的方式。父母可以為寶寶做正確的示範，例如：看完書要歸位、以膠帶修補撕破處，並告訴寶寶書本要小心使用才能用得較久。如果寶寶還是蓄意破壞，須以堅定的口吻告訴他，必須先將這本書收起來，等

他願意控制撕書的衝動，再一起分享。這也是寶寶發展中需要學習的行為規範。

Q6 如何在家中營造讓寶寶喜愛閱讀的環境及氛圍？

A 可以將家人常在一起活動的地方，像是臥室或客廳的小角落布置成一個小巧溫馨、可以讓寶寶自行取放書本的閱讀角落。地下鋪一塊小地毯，上面擺些抱枕及填充玩具，再準備符合寶寶尺寸的桌椅、光線柔和的檯燈、錄放音機、有聲故事書與童謠CD、塗鴉用的紙筆、道具玩偶，以及擺放書本的小書架或籃子。盡可能讓寶寶看得到書本的封面，並挑選寶寶感興趣的主題，例如：看醫生、去動物園、玩遊戲等，並定期更換和補充。

3~6歲
熱烈擁抱繪本的黃金期

　　美國兒童發展教育家凱茲（Lilian G. Katz，1993）
定義了幼兒發展與教育的四個要素：知識、技巧、性格
與感覺。知識是透過感官、個人經驗與直接的教導所獲
得的。技巧是透過練習學得的。性格包括了好奇心與熱
情，是孩子觀察及模仿角色後內化的終身特質。感覺是
在與情感相關的經驗中獲得的。舉例來說，幼兒學習認
字需要知識與技巧，而喜愛閱讀的性格與過去接觸書本
的經驗、感覺及氣氛有關。

　　那麼我們應該如何以繪本促進這四種類型的學習
呢？首先須了解幼兒的發展特質與需要，然後提供他們
經過篩選的適齡好繪本，讓孩子在社區、家中及其他的
教育環境中與關愛他們的成人一起進行閱讀活動。以下
從「繪本中的創意趣味性」、「繪本中的藝術性和文學

性」、「繪本中的自然科學性」三個面向，舉例說明如何運用繪本促進孩子的知識、技巧、性格與感覺。

繪本中的創意趣味性

3～6歲的幼兒對於知識的學習及人們的動機感到有興趣，喜歡玩角色扮演的遊戲，對於滑稽幽默的事物特別感興趣。由於好奇心的驅使，孩子喜歡聽和自己不一樣或神奇有趣的故事。例

《瑪德琳》
文‧圖／路德威‧白蒙
遠流出版

如：《瑪德琳》（*Madeline*，Ludwig Bemelmans）。主角瑪德琳就讀一間巴黎的寄宿學校，因為開盲腸住院而得到許多關懷，並收到很多禮物，成了同學們羨慕的對象。情節童趣可愛、輕鬆有趣，十二個小女孩呈現的完美秩序及可預期的韻文令人難忘。幼兒在閱讀中能了解繪本的結構具重複與節奏性，並察覺文學的內容、形式

與結構的特性。

在多元的文化概念方面，《環遊世界做蘋果派》（*How To Make An Apple Pie And See The World*，Marjorie Priceman）帶著讀者到世界各地蒐集最適合製作蘋果派的材料，認識製作派的過程，並隨心所欲的想像及欣賞各國文化的特色與風貌。

此外，由於幼兒對於自我定位及人際關係的發展渴望探索，一些談情緒管理及人際交往的書，例如：《英勇的娜丁》（*I am Cow*，*Hear Me Moo*，Jill Esbaum）以幽默、幻想的冒險故事談母牛娜丁如何在團體中成為有自信且受

《英勇的娜丁》
文／吉兒‧艾絲朋
圖／葛斯‧高登
彩虹愛家協會

《環遊世界做蘋果派》
文‧圖／瑪尤莉‧普萊斯曼
維京國際

朋友們歡迎的英雄，很適合介紹給孩子。《Guji Guji》（*Guji Guji*，陳致元）將親情、接納多元與自我認同的概念，以幽默諧趣的方式生動表現。生長在鴨群中的鱷魚Guji Guji接收到全家滿滿的愛，從未懷疑過自己的身分，但自從三隻教唆他聯合吃掉鴨子家人的鱷魚出現後，他經過了自我探索與角色定位的掙扎，最後以獨到的見解及機智趕跑敵人，保護住家人，令人為蛻變成「鱷魚鴨」的他歡欣喝采。

《Guji Guji》
文‧圖／陳致元
信誼出版

繪本中豐富的文學性和藝術性

　　這個階段是孩子累積語言及文字能力的重要基礎期，喜歡以問話或對談方式探索語言的使用，喜歡欣賞押韻的文本，並對日常生活中常見的文字感興趣。此時

讀寫的學習請不要量化成「句法變化」及「字彙多寡」
的訓練，應盡量讓幼兒在豐富多元有趣味的文學體驗中
自然的吸收和消化。

《月亮，晚安》
文／瑪格麗特·懷茲·布朗
圖／克雷門·赫德
上誼文化

利用長鏡頭呈現彩色跨頁的房間畫面，幫助孩子辨認房間裡的東西以產生熟悉感及安全感。

一本好繪本是增進文學、藝術與美感的最佳媒介。在語文使用方面，文本須富有想像力，內容充滿驚喜，朗讀起來具節奏感與韻律感。在敘述方面，以說話給讀者聽的口吻及描述經驗的方式傳達，較能引起孩子的興趣與共鳴。有時透過角色的對話向讀者說，有時透過一位具有同理心的說故事人來說。例如：《月亮，晚安》（*Goodnight Moon*，Margaret Wise Brown）。故事中的主角

小兔子與室內的東西一一道晚安，語言富旋律、抑揚頓挫，活化了讀者的思想並創造了影像，而不只是將已呈現的圖畫以文字標明出來。

在藝術表現方面，圖畫應以一種富於表情的方式呈現，圖畫與文本就像一首優美歌曲的旋律與歌詞，彼此互補、共同作用產生出藝術的作品。圖畫應添加一些文字以外的細微意義、

見解與氣氛，能夠延伸故事的內容與外在。例如：《小藍和小黃》（*Little Blue and Little Yellow*，Leo Lionni）運用了色彩豐富的美麗色塊與創意的文字闡明了這種結合，邀請幼兒經歷想像的探索遊戲。此外，《如果你給老鼠吃餅乾》（*If You Give a Mouse a Cookie*，Laura Joffe Numeroff），也具有藝術的形式，超越了提供資訊、娛樂及釋放情感的功能。

《小藍和小黃》
文‧圖／李歐‧李奧尼
上誼文化

《如果你給老鼠吃餅乾》
文／蘿拉‧喬菲‧努墨歐夫
圖／費莉西亞‧龐德
小天下

繪本中的自然科學性

　　幼兒對於自然科學非常好奇、亟欲探究，且會有打破砂鍋問到底的態度。現階段他們的抽象推理能力薄弱，介紹的主題應以幼兒生活周遭所能接觸到的具體事物、物理與化學的現象為主。例如：植物、太陽、動力、磁力、身體變化，以及會對地球造成威脅的因素等。介紹的媒介包括故事類與非故事類的繪本，非故事類的知識性繪本能提供系統化的知識及圖表，一目了

《鳥巢大追蹤：50種鳥巢
內幕大公開》
文‧圖／鈴木守
遠流出版

《生物及棲息地系列：哺乳類動物》
文‧圖／葛蕾絲‧瓊斯
東雨文化

然，容易比對與參照，例如：《鳥巢大追蹤：50種鳥巢內幕大公開》（鳥の巣いろいろ，鈴木守），介紹了50種鳥類及其鳥巢，以寫實、細膩的生態圖將鳥巢的造型、材料及地點清楚剖析，文本的敘述與編排易讀易懂，兼具科學與視覺美感。《生物及棲息地系列：哺乳類動物》（*Living Things & Their Habitats- Mammals*，Grace Jones），運用在哺乳類棲息地實際拍攝的照片，介紹哺乳類的覓食活動與生理構造，印刷美觀清晰。

《蘋果園的12個月》
文／松本猛
圖／中武秀光
幼獅文化

《屎來糞多學院》
文／張東君
圖／黃麗珍
幼獅文化

故事類的繪本能將自然或科學的主題帶入生活中演繹，具吸引力且容易理解，例如：《蘋果園的12個月》（りんご畑の12か月，松本猛），透過果農與姊姊及姪子的通信，描繪出一年四季栽種蘋果的過

《我看見一隻鳥》
文・圖／劉伯樂
青林國際出版

程，其中包含了勤奮耕耘及對土地的深厚感情，也清楚的將蘋果成長的知識傳達出來，書末將種植的細節與內心的感想做更進一步的說明。《池上池下》（邱承宗）以麻斑晏蜓的一生為主軸，串連起池上池下的生態，透過細膩寫實及充滿光影變化的圖畫，帶領讀者微觀細品池上池下的生命故事。這本生態繪本有別於圖鑑，蘊含詩意且為生命謳歌。附錄的蜻蜓觀察筆記及物種解說提供了詳細的生物小百科。《屎來糞多學院》（張東君），以諧趣的口吻介紹各種動物的糞便及相關生態。

《我看見一隻鳥》（劉伯樂）透過一個小女孩對野鳥好奇的眼光，引領讀者一路認識了臺灣藍鵲、紅嘴黑鵯、黑冠麻鷺。其中自然觀察的筆記、親子探索知識的對話，生動的呈現將近三十種野鳥的生態。

該怎麼幫幼兒選書呢？

目前針對幼兒所設計的繪本非常多，每年各國也不乏許多新的繪本問世，但經典繪本的名單卻相對變動不大。由此可見好的繪本具有歷久不衰、令人難以忘懷的魅力。一位作者或繪者想要創作出一本最佳繪本並不容易，那麼到底我們要如何為幼兒選擇最佳的繪本，而選擇評量的標準又是什麼呢？

曾擔任美國繪本最高榮譽凱迪克大獎（Caldecott Medal）的評審團主席芭芭拉・姬芙（Barbara Kiefer），美國兒童文學專家索伊爾與寇摩爾（Walter Sawyer & Diana E. Comer），以及利奇布朗與唐里森

（Lynch-Brown & Tomlinson），都曾提出一些有關繪本評量的標準，有助於我們判斷繪本的優良與否，作為為幼兒選擇好繪本的參考。

主題貼近幼兒的身心發展和生活面向

是否具有正面、勇敢、善良、幽默等美好價值？是否能讓幼兒理解某些事物或問題，並且能夠吸引他們的興趣？而處理問題或挫折的方式是否適切？例如：《讓路給小鴨子》（*Make Way for Ducklings*，Robert McCloskey）故事中，野鴨馬拉夫婦遍尋適合撫養孩子的地方，最後終於找到了與自然和諧相容的波士頓公園，且透過警察的幫忙，越過馬路抵達位於公園池塘中小島的新家。其中特別的是，馬拉先生與

《讓路給小鴨子》
文‧圖／羅勃‧麥羅斯基
國語日報

家人暫別時，曾承諾會迅速安全的歸來，而他也確實做到了。這本經典繪本在美國出版時正逢世界大戰期間，並廣為流傳到世界各國，給予讀者們精神上的安慰，也傳達了普世的家庭價值觀。

在《大象艾瑪》（*Elmer*，David Mckee）中，色彩繽紛的大象艾瑪是象群中的開心果，可是他並不快樂，因為他不像大家是灰色的。有一天他悄悄的將自己染成灰色，但總覺得哪裡不對勁，後來朋友們發現了他喬裝的祕密，決定每年都要舉行艾瑪節，一起進行化妝遊行。這個開心的故事鼓勵孩子接納自己與眾不同，並彼此關懷體諒。

《大象艾瑪》
文・圖／大衛・麥基
和英出版

情節明確、具有說服力

明確、具有說服力的情節能夠引起幼兒的閱讀興趣，提升幼兒的理解力與問題解決的能力。故事一開場即吸引幼兒的好奇和興趣，以因應幼兒短暫的注意力。故事的中段，矛盾衝突或問題應更明確，讓幼兒的情緒更投入。故事的結尾需包括高潮與問題解決的情節。例如：《子兒吐吐》（李瑾倫）在班上有一隻臉特別大的小豬胖臉兒第一個吃完木瓜，並將子兒也全部吃光了！引起了同學們議論紛紛。有人說他會死掉，有人說會長樹……讓胖臉兒的心情開始上下起伏。原本他憂心忡忡的哭泣，但隨即快樂的想著在頭上長樹的好處，還匆忙趕回家為長樹做好準備，結果睡了一覺醒來竟然沒有長樹，胖臉兒又不開心了！故事高潮迭

《子兒吐吐》
文・圖／李瑾倫
信誼出版

起充滿趣味，而且與孩子的生活經驗緊密結合，刺激了孩子的好奇與創意想像。胖臉兒樂觀且能自我安慰的特質鼓舞了讀者們，凡事朝正向思考、勇敢面對。

角色性格鮮明，具有真實感

角色塑造具有真實感，性格令人難忘，讓幼兒與角色產生情感連結。角色的特質在整本書中須保持一貫性，不會因事件、經驗失去了原本的個性。例如：《田鼠阿佛》（*Frederick*，Leo Lionni），當田鼠們忙著收集食物準備過冬時，只有阿佛收集陽光、顏色和字。結果阿佛將他的收集創作成美好的詩陪伴大家愉快過冬。阿佛忠於興趣且充滿自信的性格造就自己成為詩人，讓孩子看到不同的努力與自我認同能夠帶來歡樂。

《短耳兔》（達文茜）的主角苦惱於自己與眾不同的短耳朵，而想盡辦法改變或掩飾，在經歷了一場被獵捕的意外後，開始接納自己短耳朵的特點，反映出幼兒

渴望自我與團體認同的心理，最後的自我肯定更是鼓勵孩子愛自己、珍視自己的長處。《胖石頭》（方素珍）中，可愛的小豬只想在舞臺上扮演稱職的配角，即使親朋好友對他有不同的看法與期待，小豬仍秉持自己的信念並努力完成。故事將孩子的想法與希望輕鬆有趣的展現出來，並強調天生我才必有用，對支持、鼓舞孩子具有正面效果。

《短耳兔》
文／達文茜
圖／唐唐
親子天下

《胖石頭》
文／方素珍
圖／崔永嬿
國語日報

文字流暢易讀，圖像及設計富創意

　　豐富、優美、多樣、富創意及流暢易讀的文字，能夠反映出故事的氣氛。例如：《牆壁裡的狼》（*The Wolves in The Walls*，Neil Gaiman）。隨著情節的高潮起伏、氣氛的緊張與懸疑，繪者運用標準印刷字體、潦草大小不一的手寫或雕刻字體、反白或反黑的字體，甚至用線框將對話框起來，放在圖畫之間，來加強故事及圖畫的效果。

時空背景讓幼兒有熟悉感

　　背景除了故事發生的地點、時間，也包括了會影響道德觀和社會風尚的環境文化特性，以及人物的生活方式。紀實性的背景應該正確，而非紀實性的可以充滿想像力。如果書中描述的背景對幼兒來說是陌生的，不應讓他覺得難以親近；如果是幼兒熟悉的，可以發揮創意，帶著他用嶄新的眼光去看。例如：《市場街最後

一站》（*Last Stop on Market Street*， Matt de la Peña），是描述小杰跟著奶奶坐公車到貧民區擔任愛心廚房志工的故事。奶奶一路帶領小杰以溫暖、嶄新的眼光觀察周遭的人事物，即使到了髒亂的目的地，小杰仍能體會到貧乏背後的美好與祝福。

《市場街最後一站》
文／馬特‧德拉佩尼亞
圖／克里斯汀‧羅賓遜
小天下

圖畫細節與文本配合並互補

　　繪本的主視覺是圖畫，除非特殊設計，所有細節須與文本配合一致，所表達的氣氛須與文本互補。透過圖與圖之間的銜接，推動故事的進行，提升故事的氣氛和意義，營造情緒，釐清資訊及豐富故事情節的內容。例如：《影子》（*Shadow*，Blaise Cendrars），作者運用

拼貼藝術來製造光影的對比、顏色的變化，並營造一種神祕多變及詭異的氛圍。在文本方面，散文式的詩句賦予了故事多重的意義與情境，補強了圖畫的意境之美。

文本內容避免偏見

為小讀者選書，還需注意圖畫與文本中有沒有種族、民族或是性別角色的刻板印象。像是女性的角色並非總是消極而被動，單親的家庭並非等於不幸福。此外，當介紹另一種文化給幼兒時，應該強調人類共通的情感、動機與經驗，而非強調彼此的相異處，甚至讓幼兒對某種文化有一種怪異、不適當的刻板印象。例如：《了不起的妳》（*Amazing Grace*，Mary Hoffman）。小女孩葛莉絲透過自己的天分、努力、爭取及家人的鼓勵，打破了種族與性別的刻板印象，演出一般人認為只有白人及男孩才能演出的彼得潘角色，並獲得大家一致的肯定與讚賞。

《珊珊》（*Susan Laughs*，Jeanne Willis）的主角是一位外貌及生活經驗與一般孩子相似的活潑女孩，她會唱歌、跳舞、惡作劇、高興、害怕等。透過畫面巧妙的安排，讀者看到最後一頁才會發現珊珊需要坐輪椅，這時搭配文字閱讀：「這就是珊珊全部的樣子，和我一樣，也和你一樣。」讓孩子警覺到珊珊是一個獨立完整的個體，不會因她有特殊的需要而改變，也不該對珊珊投以異樣的眼光或態度。

高品質的印刷和裝訂

包含紙張、油墨、分色、製版、安全及印刷品質的控管。高速彩色印刷技術的進步使印刷出來的繪本賞心悅目，讓一些繪本更具有藝術作品的品質。例如：《天亮之前》

《天亮之前》
文／喬艾絲・席曼
圖／貝絲・科隆斯
道聲出版

（*Before Morning*，Joyce Sidman）。畫者利用黏土刮畫的技法表現出如素描般的細緻與優雅，彩色套色非常精準，在黑白色調中為家人的團聚增添了溫暖與愛意。此外，還有一些利用科技，像是電腦晶片讓幼兒能夠欣賞音樂的繪本，例如：《帕可好愛韋瓦第》（*PACO et Vivaldi*，Magali Le Huche）。

《帕可好愛韋瓦第》
文·圖／瑪嘉莉·呂榭
水滴文化

獎項或推薦

　　與幼兒文學相關的專家學者，像是教師、圖書館員、編輯、作者、畫者、書評家等，會依據專業的知識背景、與幼兒互動的經驗，以及童書市場的反應評析繪本的優缺點。

　　除了以上有關繪本評量的標準可幫我們判斷繪本的

優良與否之外，現今有許多公共資源，例如圖書館收藏許多優秀的幼兒繪本，管理幼兒繪本的圖書館員也能提供許多有關繪本的諮詢。許多縣市圖書館也積極推動啟蒙閱讀，如贈書、講座、說故事時間及一對一諮詢等活動，我們可以多走進圖書館，善用這些資源。

此外，網際網路資源的發達，也讓大家可以上網搜尋兒童閱讀相關的網站，例如：臺灣圖書館網站有閱讀起步走專區（https：//www.ntl.edu.tw）、美國圖書館協會網站（www.ala.org），或是查閱已出版的繪本評論，例如：《臺北市立圖書館好書指南》、《號角期刊》（The Horn Book Magazine）皆列入獲得專家推薦的繪本書單。

父母或老師也可以試著每週從圖書館借閱一些繪本與幼兒分享，透過互動與觀察，了解孩子到底喜愛哪些繪本。幼兒透過長期接觸好繪本的經驗，會逐漸培養出鑑賞好繪本的品味，自然而然就會選擇好繪本閱讀。

親子共讀小診間

　　3～6歲這個階段的孩子身心發展迅速，對於學習的動機及興趣變得更強，並發展出個人明顯的喜惡與嗜好。父母除了需提供孩子學習的機會與幫助之外，也需在情緒上給予完全的支持與肯定。共讀的問題常集中在學習與情緒的調適上，以下幾點請參考。

Q1 利用得獎繪本製成的動畫片，或由著名童書改編的電視節目來取代繪本閱讀，可以嗎？

A 觀看繪本的視覺體驗與觀看動畫、電視節目是不同的。觀看繪本是一種「主動」按照自己的意識及步調去仔細讀圖及融入其中的過程。孩子在快慢自如、反覆翻頁與對照中，進行心情的抒發及自我對話。一

旦靜態的圖畫提供了孩子想像的機會與線索，整個故事就鮮活了起來。

相較之下，孩子看動畫與電視節目，是「被動」接受畫面與聲光效果的體驗。這會影響幼兒學習的習慣、能力與專注力。可以多提供紙本閱讀，讓孩子沉浸在主動閱讀、仔細鑑賞創作者的風格及自發性提問與省思的過程中。

Q2 孩子每次都要求爸媽讀同一本繪本，這樣是否正常？為何會如此？應該鼓勵或是拒絕？

A 孩子跟大人一樣，有時會很喜歡某本書而反覆閱讀，而每次閱讀可能都有不同的收穫，像是這次可能看到了單張圖像的細節，下次可能看到了上下頁圖像間的關係與連結。透過反覆閱讀，孩子會對一本書更加了解。例如：拿著書一面翻開摺頁，一面自問自答且露出自信的笑容。這種獨

立閱讀行為可能是模仿親子共讀時的模式，加上自己反覆探索的結果。當孩子面露悲傷的看著談論死亡的童書時，可能是已閱讀過這本書幾次，才能適切的對於死亡及緬懷產生深刻的感受。

還有一種可能的情況是，孩子對於接觸新事物的態度較為保守或排斥，所以只喜歡讀熟悉的繪本。如果是這樣，父母可以讓孩子反覆閱讀喜歡的繪本，再從中找出原因，例如：發現孩子特別喜歡車子，可以引導他閱讀與車子相關的繪本，例如：車子的圖鑑與百科、將汽車擬人化成主角的故事書、與車子有關的童謠與詩歌。所以可以鼓勵孩子反覆閱讀喜愛的書籍。

Q3 孩子自己看繪本與父母陪讀繪本，這兩者有不同的效果嗎？為什麼親子共讀很重要，孩子自己看不行嗎？

A 親子共讀時會親密的依偎在一起，從肌膚

接觸帶來的溫暖安全感，到說說唱唱的愉悅氣氛，都能促使孩子喜歡閱讀，進而培養閱讀的習慣。如果總是讓孩子獨立閱讀，可能會讓他缺乏動力或耐心，所讀與所想可能局限在某種程度上。如果是親子共讀，父母可以提醒孩子沒有看到或想到的細節，並透過討論與問問題提升孩子的學習與心得。除了親子共讀，當然也可以鼓勵孩子獨立閱讀，再和他聊一聊閱讀的內容與感想，將有效提升孩子對於閱讀的理解、興趣與專注力。

Q4 如果說故事時，孩子一直插話或中斷故事，該怎麼辦？

A 3～6歲的孩子正處於發展自我概念的階段，許多思想和行為都會以自我為中心。他們對於已知的事物或經驗，有時會以干擾或破壞的行為來獲得別人的注意或肯定，像是對於繪本中一些已熟悉的內容或

許就會出現類似行為。這種情形表示孩子可能已經與故事產生連結，或想自我表現。父母可以先簡單的回應及感謝孩子提供想法，然後建議他繼續聆聽接下來的內容，或請他參與一起說故事。等故事結束後，針對孩子所提的意見再做較深入的互動。

Q5 家中有兩個小孩，與他們共讀時，常發生姊弟互相爭執，或不知該選擇適合姊姊還是弟弟的書來共讀，該如何解決呢？

A 家中有一個以上的孩子，意味著許多事必須共同分享或輪流做，不同年齡的手足在認知發展或興趣上不盡相同。親子共讀時，父母可以與孩子們一起共讀，享受彼此分享與閱讀的樂趣，選用的可以是童謠、遊戲操作類或不要求一定認知程度的繪本，一起開懷的唱唱跳跳、遊戲或說故事。

因為孩子們的認知程度不一，有時父母須一起分擔與孩子一對一共讀的任務。一方面可以針對孩子不同的理解程度與興趣提供適合的繪本，另一方面也能讓孩子有機會感受到父母全部的關懷與注意。

在成長過程中，孩子除了閱讀外，分享、輪流與互助也是他們需學習的，可以透過安排哥哥姊姊說故事給弟弟妹妹聽，父母從旁協助及獎勵，讓哥哥姊姊有機會從聽故事者成為說故事者及示範者，進而練習表達能力，獲得成就感，弟弟妹妹也有機會向哥哥姊姊模仿與學習。手足間的競爭是很自然的現象，父母常須花費心思處理與協調，這樣不僅能讓孩子喜愛閱讀，也能促進手足彼此的感情。

Q6 適合將《三隻小豬》、《小紅帽》等經典童話介紹給幼兒嗎？

A 經典童話《三隻小豬》情節緊張中帶有趣

味，重複中帶有變化，其中一些句型、疊字、擬聲詞，例如：大野狼跑到豬二哥家敲門「扣、扣、扣」，或是大野狼又「深吸一口氣，然後『呼呼呼～～』的吹」，這都有助於孩子提升預測、記憶與語言的能力，並進一步思考問題解決的方法。

《小紅帽》也是跨世代與文化的經典作品。現今普遍的改編版本，結局是獵人（或樵夫）制伏了大野狼，將小紅帽與奶奶從大野狼的肚子中救出。相較於原始的版本，結局是小紅帽因為不聽媽媽的話，所以害自己與奶奶都被大野狼吃掉，並且沒有得到拯救。兩相對照下，第一種版本吸引孩子，有提醒作用但沒有恐嚇的意味。第二種版本結尾會讓孩子覺得沒有希望或過於驚嚇，較不適合介紹給生活經驗不足、且容易將現實與想像世界混淆的幼兒。

媽媽，我去上幼兒園囉！

　　上幼兒園代表孩子正式進入團體學習的階段，當孩子從熟悉的家庭環境與彈性的生活作息轉換到需要適應團體紀律、複雜的人際關係，以及達成學習目標的學校環境時，不論對孩子或父母都是一大挑戰。

　　由於幼兒的生活經驗與對事物的理解能力有限，如果能透過繪本提供相關的經驗，將能提升孩子對學校的正面印象、增進學習解決問題及讀寫的能力。有不少與合作、分享、負責等相關主題的繪本，會探討此階段孩子面臨的成長課題，是提供給孩子「事先預習」不錯的選擇。以下介紹幾本能幫助孩子適應幼兒園生活的繪本。

《動物寶寶上幼兒園》系列

根據美國出版人週刊（Publishers Weekly）統計，動物幻想類的故事最能吸引幼兒的興趣。這一系列繪本是以「可愛動物幼兒園」為背景，以神仙老師與十三位可愛動物學

《動物寶寶上幼兒園：小兔找朋友》
文／木村裕一
圖／福澤由美子
親子天下

生為主角，以學校日常事件為構想的趣味故事。每個角色都像具有不同特質的幼兒，面對問題的情緒反應與處理方法也不相同，很容易引起小讀者的共鳴。例如：《動物寶寶上幼兒園：小兔找朋友》（うさぎちゃん ともだちできた，木村裕一）描述不願分享的小兔，只顧霸著球而拒絕與同學們玩，後來因一時的分神，球被小豬撿去了，於是一場玩具爭奪戰開始了。這種情形常發生在幼兒園，因為孩子正處於自我中心階段，喜歡強調

什麼都是「我的」，對於所有權的概念還不清楚。常聽他們大聲爭吵：「這是我的！」或「是我先拿到的！」即使成人耐心開導要輪流與分享，還是很難說服孩子。

《小兔找朋友》運用小摺頁設計，讓孩子有機會設想，如果面對問題，採取不同的解決方法將會如何？最後小兔與小豬發現停止爭執、一起玩球會比較有趣。幼兒需培養同理心與認同感，並發現自己的特長。這樣的故事結局令孩子感到滿意與安心，並鼓勵他們在團體中學習輪流與分享。

《娜娜的一天》

《娜娜的一天》
文／神澤利子
圖／林明子
道聲出版

許多孩子除了對幼兒園的生活感興趣，也對父母何時接送自己，以及當自己在幼兒園時父母在做什麼感到好奇。《娜娜的一天》（いってらっしゃーい いってきまーす，神澤利子）將娜娜往返家庭與幼兒園途中遇到的，以及在學校發生的軼事當作輕鬆有趣的回顧。在閱讀中彷彿跟著娜娜邊哼唱兒歌，邊度過了愉快的一天。其中一些有趣的情節，例如：娜娜與同學開心的玩扮家家酒、以稚氣又好笑的童言童語相互調侃，都很容易引起孩子的共鳴。此外娜娜與鄰居的互動也將她的生活圈拉大，讓學校、社區與家庭自然的融入她的日常生活中。這種呈現方式有助於孩子認同自己不僅是家庭，也是學校與社區的一份子。

親子共讀時，可以請孩子透過娜娜的故事聯想自己的經驗，也可以請孩子回顧自己的一天，談談發生的事情與感覺。

《我討厭去幼兒園》

《我討厭去幼兒園》
文・圖／長谷川義史
維京國際

幼兒在和父母及熟悉的家庭環境分開時，很容易引起分離焦慮。有些孩子面對這樣的壓力會採取逃避、退縮或者破壞、批評的行為。

《我討厭去幼兒園》（ようちえんいやや，長谷川義史）光看書名就引起孩子的好奇，翻開開頭的藍色扉頁，孩子

們井然有序的排列好一起哭，模樣逗趣惹人憐！故事一開始，孩子們陸續準備從家中出發，每個孩子都重複哭喊：「我討厭去幼兒園，我討厭去幼兒園，我討厭去幼兒園啦！」

為什麼哭呢？娜娜說：「我明明喜歡草莓，卻被分到桃子班，我討厭桃子班。」宗逸說：「我討厭回家前要跟大家一起唱歌。」緊接著十八張可愛的面孔齊聚在幼兒園，一起委屈的哭喊：「我討厭去幼兒園，我**討厭**去幼兒園，我**討厭**去幼兒園啦！我只想跟媽媽在一起啦！」

謎底揭曉，原來大家是捨不得和媽媽分開呢！

這本繪本表現出孩子面對分離時的情緒反應，並以不斷重複的句子吶喊出孩子內心的刹

結，溫暖富朝氣的畫面彷彿鼓勵著孩子：「沒關係啦！沒關係啦！」情緒沒有對錯，但若一味壓抑，只會造成孩子的壓力。因此共讀時可以請孩子大聲朗讀，抒發離家的擔憂，幫助孩子安心的融入幼兒園環境中。

 ### 《媽媽，今天是我第一天上幼兒園耶！》

《媽媽，今天是我第一天上幼兒園耶！》
文·圖／任惠元
遠流出版

從小被呵護備至的孩子要上學了，許多父母都會煩惱他們是否得到了妥善的照顧，甚至還有父母會擔心孩子比較愛老師，產生了與老師競爭的心態。然而父母的態度對孩子有直接的影響，如果父母對孩子的入學抱持著樂觀的態度，鼓勵並安撫他們，將能幫助孩子充滿信心與安全感的適應學校生活。

《媽媽，今天是我第一天上幼兒園耶！》（*Mom，It's My First Day of Kindergarten!*，任惠元）運用冷暖色調交替、主角身體的尺寸大小與表情肢體收放的變化，將孩子躍躍欲試的興奮心情與媽媽的憂心做明顯的對比。

(1) 共讀時可以選擇一些句子，特別加強語氣，例如：

- 「媽媽，不要煩惱啦。我會很好的，我已經五歲啦！」
- 「媽媽，學校沒有那麼大啦。對我這樣的大男孩來說，它的大小剛剛好。」這樣可以提升孩子的勇氣與自信，並感受父母對他的關懷與支持。

(2) 親子共讀是增進彼此感情與了解的好機會，父母可以參考上述建議，善用繪本及

發問技巧引導孩子紓解情緒或預測故事的
發展，例如：

- 「如果小兔和小豬一直不肯相讓，結果
  會變得如何？」
- 「如果你在學校裡想媽媽，你要怎麼
  辦？」

讓孩子先沙盤推演問題的解決方法，並給
予孩子支持與愛的保證，幫助孩子減低焦慮，
安心的迎向幼兒園生活。

成為快樂的小一新鮮人

孩子成為小學的新鮮人必須面臨許多的考驗，或許有些父母會質疑，以前孩子在幼兒園一切適應良好，為何到了小學階段就不喜歡上學了呢？這是因為大家對幼兒與兒童的期待不一樣，學校的功能也由保育變成教育。孩子原本習慣於遊戲中學習的生活，一下子轉換成以學科導向且充滿學業競爭的生活，角色也從備受呵護的幼兒，成為在成績與人際關係上被期待表現得更好的兒童。

典型的六歲孩子身心正朝向敏感的「兩極化」發展，心理上既想爭取自由、獨立，又容易產生焦慮、缺乏安全感，在認知上熱中追求新鮮事物、喜歡反覆的練習以求更好的表現，但他們非常難以接受批評及輸給別人。所以孩子從身為幼兒園中表現得最成熟的大哥哥、

大姊姊角色，成了在小學中最幼稚的小弟弟、小妹妹，難免覺得自己不如人而產生挫折感。在這轉換的調適階段，如果孩子能得到足夠的理解，並有機會接受適度的挑戰而產生成就感，將會幫助他們成為一位快樂的小學生。

有些探討此時期身心發展、成長任務，以及能輔助學科學習的繪本，都是很好的閱讀媒介，除了可以提供正確的示範、增進孩子的認知與讀寫能力，也能讓他們感受到被認同而產生慰藉，以下提供一些建議。

孩子抗拒上學時

有些小一新生經常因課業壓力不想上學，會用一些藉口逃避，甚至會在學校或上下學途中「意外」的大小便；有些孩子注意力不容易集中，對於學習提不起興趣。這不是孩子「不乖」，而是代表他們還沒有準備好，進入小學對他們而言是很大的負擔。《尼可丹姆

的一天》（*Nicodème*，Agnès Laroche）中，尼可丹姆從上學途中就開始遇上挫折，接著面臨沒帶作業被老師責罵、遭同學霸凌，以及因意外無法吃午餐的困境，直到他遇上了友善的薇歐蕾特，尼可丹姆開始正

《尼可丹姆的一天》
文／阿涅絲‧拉侯許
圖／史黛凡妮‧奧古斯歐
聯經出版

視自己的優缺點，並鼓起勇氣反抗欺凌。

《小阿力的大學校》（*Billy and the Big New School*，Laurence Anholt）中，小阿力擔心在「超級大的」學校遇到不熟悉的事物而退縮不想上學。多虧了媽媽與老師的細心陪伴，幫助他做好心理準備，最後小阿力喜歡上學校並結交了朋友。兩本繪

《小阿力的大學校》
文／羅倫斯‧安荷特
圖／凱瑟琳‧安荷特
上誼文化

本都生動的刻畫出小一新生的擔憂與窘境，結局帶出了希望與歡樂，具有鼓舞及安慰小一新生的效果。此外教育心理學家尚・皮亞傑（Jean Piaget）認為小一的新生會以自我為中心，喜歡競爭與表現，也很難忍受等待。《莉莉的紫色小皮包》（*Lilly's Purple Plastic Purse*，Kevin Henkes）將孩子這種特質傳神的描繪出來，深獲孩子的贊同與喜愛。

《莉莉的紫色小皮包》
文・圖／凱文・漢克斯
和英文化

孩子的思考與自我探索

孩子能靜下心享受吸引人、篇幅較長、但生字不多的繪本，且會偏愛某些創作者的作品。他們會從不同的角度看世界與觀察事物的相互關係，很在意新鮮的組合或變化，例如：空間裡新添的東西及位置。對於繪本

中敘述的事情會要求澄清、確定及給予評斷。《魚就是魚》（*Fish is Fish*，Leo Lionni）構圖簡單而畫面豐富，圖文互相輝映，令人印象深刻。這本書的意涵是自我認同，魚兒無法理解好朋友青蛙為什麼和自己

《魚就是魚》
文·圖／李歐·李奧尼
上誼文化

長得不一樣，對於青蛙所描述的有趣事物，也都是以自己的角度去揣測。直到有一天他奮力跳上岸想去一探究

《旅程》
文·圖／艾隆·貝克
道聲出版

竟，結果幾乎窒息，終於他認同了「魚就是魚」。這個寓言故事能激發孩子去想像、提問與探索，享受視覺與聽覺的饗宴，並引起情感的共鳴，進一步思考自己的定位。

無字書類的繪本也能讓識字較少的小一生沉浸在圖像的閱讀中，激發他們觀察與邏輯思考的能力。《旅程》（*Journey*，Aaron Becker）充滿了奇幻與冒險，創意發想的問題解決法及細膩優美的圖畫，能引發孩子們的思考與探索。

孩子的認知及語言發展

　　這個階段的孩子會以自己的需求或期望來解釋周遭的事物。懂得幽默，喜歡交談，在發音及文法結構方面表現得不錯，已能獨立念一些熟悉的繪本。由於孩子辨別幻想與事實的能力增加，所以會非常喜歡《別讓鴿子開公車！》（*Don't Let the Pigeon Drive the Bus!*，Mo Willems）。故事是一位

《別讓鴿子開公車！》
文・圖／莫・威樂
小天下

公車司機要求讀者在他離開時「不要讓鴿子開公車」，接著鴿子出場不斷的說服讀者讓他開公車：「我會很小心的。」「我會做你最好的朋友喔！」「嘿，我有個主意。我們來玩『開公車』的遊戲吧！」雖然文本中沒有提答案，但可預期的都是：「不可以」。這樣容易串連、想像，句尾又採用了驚嘆號、問號、引號、句點等的句型模式，有助於孩子學習寫作的模式。

另外，六歲的孩子也對死亡的問題感到好奇，擔心親人死亡甚至不願離家到學校去。《爺爺有沒有穿西裝？》（*Hat Opa einen Anzug an?*，Amelie Fried）對於死亡的闡述很適合此時期孩子的理解程度，主角布魯諾面對爺爺的死亡經歷了疑惑、難過到接受的歷程。故事的文字較多，需要師長講

《爺爺有沒有穿西裝？》
文／艾蜜莉・弗利德
圖／傑基・格萊希
格林文化

述，讓孩子邊聽邊欣賞細膩感性的內容，邊討論他們心中的疑慮，並得到生命不會無故消失的保證。

除了以上的建議，如果孩子從小受到宗教的薰陶，祈禱對他們會產生支持與穩定的力量。《小孩的禱告》（*Prayer for a Child*，Rachel Field）是小女孩真誠的禱告：「請祝福各地的小孩，沒有恐懼、遠離傷害」「不論我睡著

《小孩的禱告》
文／瑞秋·菲爾德
圖／伊莉莎白·奧頓·瓊斯
道聲出版

或清醒，請賜我平安和健康。」充滿了對萬事萬物的感謝與祝福，對於常心生排斥與抗拒的小一生，具有示範及撫慰的效果。孩子從幼兒園進入小學需要許多的調適與體諒，透過共讀好書的活動將能有效的引導孩子，幫助他們成為快樂的小學生。

多元閱讀篇
愛閱孩子全方位的閱讀

以多元的閱讀觀點，多樣的閱讀方式，提供
孩子各種題材、文體與型式的繪本，滿足孩
子成為健康快樂的社會人的多元需求。

發現孩子回應繪本的能力

　　繪本為孩子提供了最早的文學經驗，閱讀時不僅需欣賞文與圖，還需知道如何培養洞察力。根據英國兒童文學研究者史坦利及塞斯柏利（Morag Styles & Martin Sailsbury，2012）對一百名四到十一歲孩子做的研究發現，孩子們會對繪本的字與圖的交互作用、顏色的意義、角色的肢體語言及視覺的隱喻產生認知與情緒反應，邊觀賞邊思考與學習。當提供孩子多次機會閱讀相同的繪本，並要求他們用繪畫表達對文本的了解，以及進行開放式的討論後有了以下的發現：

對文字與圖像互動的回應

　　許多孩子認為圖比文重要，能顯示角色的觀點、闡釋故事或產生更多的想法。例如：無字書《鬆餅先生！》（*Mr. Wuffles！*，David Wiesner）以電影般的運鏡

營造動作感，運用細節引出故事。《傷心書》（*Sad Book*，Michael Rosen）作者以優美的詩抒發他喪子的悲傷，當文字與圖畫產生互補時，更能感受到他

《鬆餅先生！》
文·圖／大衛·威斯納
格林文化

情緒微妙的起伏及對過往的懷念與未來的希望。

分析顏色重要性的回應

幼兒對顏色及色調特別敏感，自然會注意及分析其意義。例如：《月亮，晚安》畫面是暖色調具溫馨感，交互出現的跨頁全彩與單頁黑白畫面先引導孩子綜觀房間裡的各個角落，然後聚焦在放大的單一物體上，具節奏感及收心效果。窗外漸亮與窗內漸暗的光線暗示時間的推移及睡覺時間到了。

領會身體語言的回應

即使很小的孩子也能了解身體語言，並引起不同的

情緒。例如：在《棉婆婆睡
不著》（廖小琴）中，棉婆
婆駝著背回首眺望通往村外
的小路，流露出她對晚歸的
棉爺爺的掛念。《菲菲生氣
了——非常、非常的生氣》
（*When Sophie Gets Angry-*

《棉婆婆睡不著》
文／廖小琴
圖／朱成梁
信誼出版

Really, Really Angry，Molly Bang）中，菲菲和姊姊搶
玩具而手舞足蹈，怒氣衝天的表情與動作像隻噴火龍，

等她平靜下來，身形柔和的
線條與張臂成大Ｖ字形的動
作，強化了她重返溫暖家庭
的欣喜感。

《菲菲生氣了——非常、
非常的生氣》
文・圖／莫莉・卡
三之三

了解視覺隱喻的回應

　　孩子對於圖像的象徵意義，以及文與圖合併時所產生的意義感興趣，常能適切的詮釋。例如：他們會指出《穿過隧道》（*The Tunnel*，Anthony Browne）一書中橫於兄妹之間的長竿代表兄妹之間的不合，以及哥哥不想讓妹妹跨入他的領域，就像自己和手足吵架時一樣。

《穿過隧道》
文・圖／／安東尼・布朗
遠流出版

審視與思考的回應

　　孩子閱讀時會將內容與自身的經驗連結，進而引發思考。例如：《動物園》（*Zoo*，Anthony Browne）講述一家人到動物園觀賞動物的生活小故事。繪者用滑稽嘲諷的筆觸、左右對頁的柵欄、邊框對比的手法，營造出超現實的場景，引發讀者思考人與動物的關係及動物

園的意義，到底是人看動物還是動物看人？其中以人類對照猿猴類，凸顯彼此間的相近，而動物卻被圈養。一些象徵性的符號，像是由四個分隔窗構成的十字架、籠子的影子，引發孩子思考如果角色互換，當自己失去自由時的景況。

《月下看貓頭鷹》（*Owl Moon*，Jane Yolen），以廣大的視角表現冬夜靜謐冷沁的感覺，對比出父女相互依存的溫馨及傳承的精神。當孩子沉浸在這如詩的故事及夢境般優美的圖畫中時，也能愉悅的與大自然相遇，分享了探索大自然的心情及動人的親情。

《月下看貓頭鷹》
文／珍・尤倫
圖／約翰・秀能
上誼文化

面對閱讀挑戰性的回應

孩子除喜歡繪本的趣味，也喜歡它的挑戰性，並會仔細研究創作者精心的設計與安排。例如：從《小凱

的家不一樣了》（*Changes*，
Anthony Browne）一書中，可
發現繪者運用超現實的圖像
「變成猩猩的沙發」，來表
現小凱因爸爸去醫院時的留
話：「家裡就要變得不一樣
了。」感到擔憂與胡思亂想。

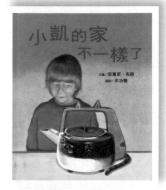

《小凱的家不一樣了》
文‧圖／安東尼‧布朗
維京國際

用「破殼而出的飛鳥」預測故事最後將有新生兒妹妹與
父母一起回家。欣賞《法比安
派對》（*Fabians Feest*，Marit
Törnqvist）時，每拉開一個摺
頁就進入一個新奇想像的世
界，在豐富細膩的畫面中發
掘許多故事中的故事，領悟
參加派對最可貴的是輕鬆
愉悅的心情與幽默感。

《法比安派對》
文‧圖／瑪莉特‧同克維斯特
幼獅文化

觀察與學習的回應

　　繪本吸引孩子的心智與心情，愈具挑戰性的愈需要孩子以嶄新的方式去思考，而產生更深層的理解。例如：當孩子看《魔法親親》（*The Kissing Hand*，Audrey Penn）時，能理解浣熊奇奇因為要離開媽媽而抗拒上學，但在獲得了媽媽愛的保證與親吻後，滿懷安全感的克服了分離焦慮。

　　在看《青蛙王子續集》（*The Frog Prince, Continued*，Jon Scieszka）時，會了解青蛙王子與公主婚後生活不愉快，因此會自動解釋插圖中枯萎的瓶花是因為夫妻心

《米莉的新帽子》
文·圖／喜多村惠
小天下

《魔法親親》
文／奧黛莉·潘恩
圖／茹絲·哈波；
　　南西·理克
上誼文化

情不好，所以無心照顧所造成的。而在看《米莉的新帽子》（ミリーのすてきなぼうし，喜多村惠）時，發現米莉及其他人頭上的帽子會隨著周遭環境及想像，而產生各式各樣的變化。這種將抽象思考以具體圖像表現出來的方式，象徵了每個人的創意想像力既神奇又美妙。

實際對繪本產生的回應

孩子們會因為喜愛某本繪本，而對其作者或相關的作品感興趣，甚至辨識出創作者的風格。例如：喜愛約翰·伯寧罕《寇特尼》（Courtney，John Burningham）的孩子，常常也會喜歡伯寧罕同樣以混合媒材、技法，以及開放式風格表現的其他繪本。

《寇特尼》
文·圖／約翰·伯寧罕
和英文化

綜合以上會發現，繪本讓孩子在閱讀中提升了認知

與情緒的發展，增加了思考的經驗，並且在安全的範圍裡探索一些生活的問題，包括死亡、霸凌等。繪本閱讀也能讓孩子從小培養審美觀，幫助他們培養對藝術與文學的喜愛，開啟他們多元文化的經驗。當幼兒在分享繪本的過程中感受到喜悅與溫馨的氣氛，會讓幼兒養成一種享受閱讀的習慣，自然而然的喜愛閱讀。在閱讀繪本的過程中，繪本是主要的媒介，與幼兒分享繪本的成人是關鍵性的引薦者與影響者。唯有懂得與喜愛分享好繪本的成人扮演一個正面的角色，依據幼兒的發展特質，為他們挑選多樣性的好繪本，然後熱忱的分享，才能讓幼兒在充滿活力的互動閱讀中受惠。

如何引導孩子
欣賞繪本的圖文設計呢？

閱讀繪本能開啟孩子早期的閱讀經驗，但不少父母仍對運用繪本存疑，提出：「是圖還是文重要？」「要先看圖還是先看文？」這些問題需從繪本的特質與孩子的發展來了解，若以啟發的方式引導孩子閱讀、鑑賞及詮釋繪本，可以提升孩子終身的視覺洞察力。

繪本是幼兒文學的一種特殊種類，是圖、文與設計的結合，承載了社會、文化與歷史的內涵。型式包括了童謠繪本、情緒繪本、生活教育繪本、預測性繪本、概念性繪本，以及適合嬰兒與學步兒的硬頁書、玩具書等。出版的繪本可以只有圖畫，或是文字與圖畫占有同樣重要的地位。

美國幼兒文學學者諾頓（Donna Norton）指出，一

本繪本中，必須提供「圖畫與文本之間的平衡，這兩者彼此不可或缺，否則無法發揮全然的效果」。所以一本繪本至少應包含三種成分：由文字所敘述的故事，由圖畫所敘述的故事，以及由以上兩者結合所產生的故事。此外，透過閱讀繪本又包含了第四種成分，那就是讀者本身與繪本結合所產生的故事。任何好的繪本都會帶給讀者這種獨特、神奇又美好的經驗。幼兒繪本的特色，包括了文本情節簡潔、概念有限並符合孩子的理解力，文本的風格直接樸實，圖畫與文本互補。在型式方面，含版權頁與補充資料在內，大約32～40頁。內容可以是小說或紀實類的，圖畫的表現方式可以用照片、素描、繪畫或拼貼。繪本需形成特有的旋律與節奏，圖、文與版面設計要產生趣味的互動才能吸引孩子。

　　讓我們一起看看有哪些作品能引起孩子的共鳴，並進一步了解這些作品如何呈現圖與文的和諧關係。

圖與文的互補

　　圖畫能反映及延伸文本，並提供孩子闡述的空間。

　　《小貓頭鷹》（*Owl Babies*，Martin Waddell）文本
具生動的畫面感、平易樸
實，圖畫質感細膩，能啟
發孩子的靈感與想像。故
事的開端，小貓頭鷹們在
夜裡醒來時，因找不到媽
媽而焦急，反映出孩子害
怕分開的情緒，經過小貓

《小貓頭鷹》
文／馬丁・韋德爾
圖／派克・賓森
上誼文化

頭鷹手足間的互相安慰與鼓勵，結尾媽媽的歸來與安慰
為他們帶來安全感，撫慰了面臨分離焦慮的孩子。《下
雪天》（*The Snowy Day*，Ezra Jack Keats）文本符合
孩子主動好奇，充滿冒險精神的發展特質。全書前三分
之二的部分，主角彼得在雪地各處玩耍，呈現沒有關聯
性的插曲式故事情節。後三分之一的部分，彼得因雪球

《下雪天》
文‧圖／艾茲拉‧傑克‧季茲
上誼文化

融化而產生的失落與找到朋友的釋懷，將情節轉換為漸進、有因果關係的結構。插畫以拼貼技法與溫暖色調展現出愉悅且俏皮幽默的風格。文圖彼此的相互輝映使孩子獲得豐富溫暖的情感經驗及心滿意足的結局。這兩本書的圖與文相輔相成，彼此豐富、延伸與拉提。

《不肯睡覺的小孩》（*The Baby Who Wouldn't Go to Bed*，Helen Cooper）與《野獸國》（*Where the Wild Things are*，Maurice Sendak）二本書的核心價值都是值得信賴的母愛，即便母子間偶有衝突也不會動搖。《不肯睡覺的小孩》是孩子忙著玩耍，不肯聽媽媽的話乖乖入睡，然後對周遭的環境與玩具輪流道晚安直到筋疲力盡……文本率直、溫柔，圖畫奇幻、豐富，有如穿梭在

真實與想像的超現實世界中。

《野獸國》以阿奇狂野的行為被媽媽罰到房間不准吃飯為開場，隨即進入想像的野獸世界。文本簡潔、富詩意，圖與圖之間連貫流暢，畫面隨著情節起伏而變換大小。當阿奇命令野獸們一起胡鬧，亢奮的情緒融合想像到達高潮時，無字跨頁的圖占滿了頁面，產生一種熱鬧與釋放感。當阿奇發洩完情緒回到真實世界時，發現晚餐正在房間等著他，無圖畫面上白底黑字醒目的寫著：「……而且還是熱的呢！」等同宣告母愛超越親子間衝突的力量，為精巧的圖文互動寫下完美的句點。

圖與文的對位

圖畫與文本述說不同的故事、各自提供選擇性的資訊，或在某方面互相矛盾，造成反差的趣味及形成幾種可能的結果。

《母雞蘿絲去散步》（*Rosie's Walk*，Pat Hutchins）

顛覆了繪本同步看與聽的傳統閱讀方式，述說母雞與狐狸在相同時空中發生的不同故事。若只聽文不看圖，完全不知散步的母雞一路有伺機攻擊的狐狸

《母雞蘿絲去散步》
文‧圖／佩特‧哈群斯
上誼文化

尾隨。圖文的互動像一齣滑稽的童話劇，提供孩子旁觀者的洞察力，並激發他們想警告不知是愚笨、冷靜或幸運的母雞的衝動。當孩子欣賞完故事後，會想主動解釋故事未交代的部分，這樣閱讀幽默諷刺文學的過程，能培養孩子想像與邏輯推理的能力。

《臭起司小子爆笑故事大集合》
文／約翰‧席斯卡
圖／藍‧史密斯
格林文化

除了閱讀可愛溫馨的童書，也會接觸到充滿嬉鬧、顛覆常規或意涵模糊的童書，例如：《臭起司小子爆笑故事

大集合》（*The Stinky Cheese Man and Other Fairly Stupid Tales*，Jon Scieszka）顛覆了故事書的傳統模式，並將童話改編成富戲謔性與批判性。其中包含了醜小鴨長大後沒變天鵝，反成了一隻醜大鴨，以及青蛙被吻後沒變成王子，反嘲笑公主受騙的故事。

《莎莉，離水遠一點》（*Come Away from the Water, Shirley*，John Burningham）與《外公》（*Granpa*，John Burningham）都採文本與表徵符號富多層面解釋的後現代手法（後現代主義主張對既定的文本、表徵和符號有無限多層面的可能解釋。因此作者的意圖和讀者的反映，取代了字面上的意思和傳統的解釋），將既定的文本和真實、想像的圖畫並置，開放性的讓孩子自由詮釋可能的意涵。舉例來

《莎莉，離水遠一點》
文‧圖／約翰‧伯寧罕
遠流出版

說，《莎莉，離水遠一點》是小女孩一家到海邊遊玩的故事。原本全家人應該經歷相同的場景，討論相關的事物，但作者運用左頁相對單調與留白的背景圖、以及親子完全沒有交集的文本，表現父母缺乏想像力和親子間不良的溝通。相對的，右頁色彩繽紛，與海盜對決的無字畫面，顯現孩子已進入新奇的幻想世界。這樣的比照與安排，讀起來產生一種突兀感，彷彿有兩個故事同時在進行，能刺激讀者的好奇心並引發省思。

　　《外公》述說的是祖孫間的相處。作者運用兩種字體表現出祖孫間不知所云的平行對話，顛覆了傳統的故事敘述法。當賭氣的祖孫背對背，分別被安置在左右頁面時，強調彼此的疏離與不愉快感。故事直到小女孩獨自沮喪的蜷曲身體望向爺爺的空椅子時，提供了讀者一個開放的詮釋機會，讓他們選擇是否將其解釋成爺爺已過世。結尾小女孩推著嬰兒車奔向朝陽的畫面，又為故事重新開啟了盼望與生機。

優質繪本的圖與文之間應充滿活潑的動力，不同的文學類型也應提供多樣的意義與視覺設計。親子共讀圖文相輔相成的繪本，將有助於提升孩子敘述、觀察與詮釋的能力。

擬人化動物溫馨不說教

尋訪純真美好的時光

　　擬人化的動物故事常在趣味情境中蘊藏了生活經驗和教育意涵，目的可能是為了幫助孩子成長、了解友誼的可貴、獲得品德的陶冶，進而領悟富哲理的寓意。然而孩子從小就對批評、說教產生排斥或防衛心，如果故事只為了傳達教育訊息將會枯燥且效果不彰。暢銷童書作者克里斯·霍頓（Chris Haughton）與特蕾西·科爾德魯瓦（Tracey Corderoy）都曾表示，當他們創作富道德教育類的童書時，主角大都是動物，這樣能使故事較婉轉有趣，減低說教的色彩，並吸引孩子願意閱讀而不會覺得「沒面子」。因此唯有選擇能與孩子產生共鳴的動人故事，才能發揮深遠的影響。

　　英國作繪者碧雅翠絲·波特（Beatrix Potter）以自然生態為背景，創作了一系列擬人化的動物故事，角色

《小兔彼得的故事》
文‧圖／碧雅翠絲‧波特
青林國際出版

及靈感常汲取自她身邊的人事
物，內容大多環繞著美好的友
誼與可貴的親情。例如：《小兔
彼得的故事》（*The Tale of Peter Rabbit*）。彼得這個角
色和名字，就是以波特童年時所飼養的一隻兔子為原型
塑造的，故事源自於1893年波特寫給一位病童的信。小
兔彼得和媽媽及三隻乖小兔們住在樅樹根底的砂洞裡，
媽媽特別叮嚀孩子們不可以到麥先生的菜園裡，並且警

告他們，爸爸就是因此被麥先生做成兔肉餡餅的。然而菜園的美妙卻強烈吸引著彼得，他忍不住跑到菜園中，結果遭到追捕，幸好逃過一劫，卻生了一場病，還得吃苦苦的藥。相對的，聽話的乖小兔們都享受了一頓美味的晚餐。主角彼得有孩子淘氣、活潑及好奇的特性，又不失兔子的屬性，總是製造麻煩，卻能化險為夷從錯誤中學習，讓孩子為他的冒險感到既緊張又興奮，在共鳴中獲得愉快與滿足。或許因為波特筆下的小動物總是讓人感到栩栩如生，充滿生命力，筆調中又充滿關愛，因此受到世世代代孩子的喜愛。

波蘭籍的安徒生插畫獎得主茲比格紐‧律夫力基（Zbigniew Rychlicki）和作者雀斯葛夫‧洋查斯基（Czesław Janczarski）所創作的《垂耳熊的一百次旅程》（Miś Uszatek），是垂耳熊與他的朋友們共同發生的十六個溫馨有趣的故事。每個故事各自獨立，長度對無法長時間集中注意力的孩子來說剛剛好，可以視孩子

的情況，一氣呵成閱讀整本書，也可以不按順序分開來閱讀。律夫力基和洋查斯基在創作「垂耳熊」一系列故事時，懷抱著發揮道德及社會價值觀的信念，希望透過插畫及文本讓小讀者更加了解真實世界的生活，培養他們對於社會的參與感。這些幻想性的故事反映出孩子每天的生活經驗及感覺，描述出真正友誼所需的責任及忠誠美德，能夠引導孩子以嶄新的眼光洞悉真實的世界。充滿奇思妙想的情節也可以幫助孩子設想可能的生活方式、欣賞一些新的想法，或是發揮夢想創造一個不一樣的新世界。

整本書的開場熱鬧有趣，在〈一百次的冒險〉中，垂耳熊以睿智的解答者及活潑的冒險者身分出場。不僅主動解釋自己在玩具店中第一次冒險時，因太緊張而造成左耳軟趴趴垂著，也透過與小人偶噹噹響的稚氣對答：「……一百很多嗎？」「一百是很多、很多的。」「我已經有過一百次的冒險了。」帶領讀者以兒童的觀

點，進入許許多多專屬於孩子想像世界的探險故事裡。這些生動的對話及行動，表現出孩子認為多就是好，並喜歡模仿成人使用「一百」來代表多的態度，確立了整本書以孩子感興趣的人事物來設計角色或情節，並以孩子的眼光看世界的基調，非常適合孩子理解及欣賞。

　　孩子天生喜歡想像所愛的玩具或動物具有生命，而垂耳熊像是一個好奇、缺乏經驗的孩子，但在面對朋友時，卻又變成了一個仁慈、寬容的安慰者，至於其他的動物及玩具娃娃們也都各有不同的特質，這樣的組合很容易讓孩子投射出自我的情緒或願望。例如：在〈什麼東西在哪裡買〉中，垂耳熊主動好心的想幫安娜出外買東西，卻頻頻出錯而感到難過，身為讀者的孩子也常會因為想幫助別人不成而感到挫敗。在〈藍鵲和孔雀〉中，孔雀因為愛自誇而沒有人喜歡他，孩子同樣也會擔心自己不受歡迎和被排擠。不過故事裡擬人化的角色不會讓孩子立即看出兩者間的關係，反而能讓他們在有距

離的安全範圍內看待自己關心的問題，想想及學習如何面對處理。

　　孩子除了須克服害怕或擔心這種自我所產生的衝突外，還須面對在生活中與其他人協商的衝突，以及與世界及自然現象發生的衝突。例如：在〈商店〉中，娃娃拉拉因為缺乏適當的道具，而批評買東西的遊戲不好玩，但垂耳熊以身示範，鼓勵大家運用想像力去遊戲，結果皆大歡喜。在〈銀色的星星〉中，垂耳熊興高采烈的將天上掉下來的銀色星星帶給大家看。當他跑回屋子時才發現只剩下融化成水滴的雪，結果不服氣的說：「怎麼會是雪啊！那些一定是星星，我看得很清楚。」這些故事與孩子的發展程度及日常經驗相近，在不喧鬧、充滿安逸、微妙及富想像力的幽默感中引起孩子的共鳴。

　　整本書的最後一個故事〈跟幼兒園說再見〉，再次運用了數量「一百」與第一個故事中的「一百」相呼

應。垂耳熊總共收到了一百封來自各地小朋友的誠摯邀請信，表現出他非常受歡迎，而垂耳熊也因此決定展開一場到各地探訪小朋友的探險旅行，為這本書的結尾留下了不捨，但充滿期待的餘味。《垂耳熊的一百次旅程》除了故事精采，美麗的插圖也富有抒情的色調及裝飾性。其中描繪精采的場景細節與奇妙又充滿想像力的各種角色，增添了不少閱讀的趣味及溫馨感，堪稱文圖相輔相成的藝術品。

《垂耳熊的一百次旅程》中每篇故事的篇幅不長，詞彙簡單易讀，適合親子共讀，也適合提供給從圖像閱讀進階到文字閱讀的小讀者們練習獨立閱讀。

在此須提醒父母，即使孩子已學會認字，除鼓勵其練習獨立閱讀外，仍須保持親子共讀。因為共讀時，父母不僅念出文字，還會依孩子的興趣、程度與經驗適時的提問、延伸內容的深度與廣度，例如與孩子共讀書中〈藍鵲和孔雀〉這一篇時，可以比較兩種鳥類的相似與

相異處，並討論友誼的重要。共讀《小兔彼得的故事》時，可以比較彼得與乖小兔們的行為差異與結果，並討論自己是否也有類似的經驗及心得，將有助於孩子更深入的思考與學習。當親子相依偎的共享這些美好的故事與閱讀時光時，彼此的關係與情感也會同時增溫。

豐富文學與美感的經驗

一起感受兒歌、童謠
與童詩繪本的魅力

　　韻文在兒童閱讀中扮演重要的角色，能增進孩子的記憶並幫助了解文字的類型。容易朗朗上口的韻文是幼兒最喜愛的語言形式，包括兒歌、童謠、童詩都具有豐富的語音、無限的想像，以及精巧的押韻形式，都能夠引發孩子的感官回應。專為孩子設計的版本大多會以繪本呈現，優美的插畫能提供孩子想像的空間及對文字的感受，但也可能會影響孩子自由發揮及詮釋的空間。親子共讀時可以先用文字或口頭方式與孩子分享，單純領受文本的內涵，接下來再將文圖搭配著分享，體驗兩者交融的互補效果。

兒歌、童謠帶動親子遊戲

兒歌及童謠除念念唱唱外，還可以設計成邊念唱、邊互動的親子遊戲，例如：《打開傘》（李紫蓉）集結了十七首押韻的親子遊戲兒歌，每首都有簡單易學的遊戲步驟分解插圖，例如：

《打開傘》
文／李紫蓉
圖／崔麗君
信誼出版

〈打開傘〉，父母可以邊念唱：「一二三，打開傘，走一走，看一看，雨停了──收傘！」，邊用手掌包住孩子的食指，然後張開手掌，讓孩子的指尖頂著父母的手掌，接下來用另一隻手扶著孩子的手腕左右動一動，最後父母將手掌合起來，讓孩子的手趕緊抽回。這樣的遊戲可以由父母與孩子輪流交替角色玩。

《火金姑》（莊永明、李紫蓉、林武憲）是一本具有濃厚鄉土味的臺語傳統兒歌集，內容逗趣，展現語文

豐富的內涵，其中分成玩語音遊戲的「繞口令」、以事物特徵提供答案線索的「猜謎歌」，以及文字接龍的「連鎖歌」三部分。讓孩子在念念唱唱中體會臺語的趣味與美感。

《火金姑》
文／莊永明、李紫蓉、林武憲
圖／張哲銘、張振松、劉鎮豪
信誼出版

　　《噓！Hush》（何敏楓）是一首溫柔甜美的泰國搖籃曲，描述一位母親為了不讓吵鬧聲干擾孩子的睡眠，忙著安撫各種動物安靜的故事。書中巧妙的運用擬聲詞及重複的句型，形成一首旋律輕快的韻文，朗讀起來充滿了音樂美感，並具有安撫作用。

優美童詩引起孩子共鳴

　　孩子須了解每個人都有詮釋詩的自由，並且願意將個人的想法與感覺融入詩的意境中。我們也可以請孩子

選擇喜愛的詩，參照其架構模式進行創作，或為這首詩繪圖。優美的童詩能引起孩子的共鳴，例如：《歡迎你，寶貝！》（*On the Day You Were Born*，Debra Frasier），綜合自然的神祕與科學現象，以富節奏與韻律的詩歌歡慶歌頌新生命的誕生，即使年幼的孩子無法完全了解文本的涵義，也會被優美的詩句撫慰而感到安心愉悅。舉例來說：

(1) 作者用堆疊、重複的句子表達對新生兒熱切期待的雀躍心情：

馴鹿已經迫不及待把你即將到來的消息告訴了燕鷗。燕鷗告訴鯨魚，鯨魚告訴鮭魚；鮭魚告訴……「那孩子就快來了～那孩子就快來了～」。

(2) 用符合自然現象、滿足孩子自我中心的渴望來描述：

月亮答應你：「寶貝，以後每月一次，我會帶著一張又圓又亮的臉，到你的窗邊來看你。」

地球承諾：「……將用強大的地心引力，永遠緊抱著你，讓你不會從地面飄離～」。

(3) 簡潔美麗的拼貼畫也將這首溫馨的詩，烘托得既典
雅又充滿靜逸的美感。

而成功詮釋小女孩孤寂心靈的《緋紅樹》（*The Red Tree*，陳志勇），特殊的編排讓文本富有詩情及戲劇性的效果，情緒的轉換很有層次，蘊藏了希望與自我期許的意念，結尾將原本憂愁的情緒做了巧妙的轉換：「這一天的下場**糟得像起頭**，可是突然間那東西就在你眼前出現，亮麗而又耀眼悄悄的等著，**正如你夢想的那樣**。」帶來了期待與鼓舞。奇幻細膩的圖像處處充滿隱喻的符號，把抽象的概念視覺化，是本邀請讀者解讀與感受文圖之美的絕佳繪本。

《緋紅樹》
文・圖／陳志勇
和英出版

奇思妙想的童詩富創意與想像

　　童詩也常有集冊出版的，作者可能針對一個主題發揮奇思妙想，編寫出系列的短詩。《蝸牛：林良的78首詩》（林良）以孩子的口吻敘述，文字精簡且俏皮幽默，容易朗朗上口，其中一首〈蝸牛2〉：「不要再說我慢，這種話我已經聽過幾萬遍。我最後再說一次：這是為了交通安全。」很適合孩子欣賞後，創意發想出自己的作品。金子美鈴也是著名的童詩作者，她擅長以細膩純真的手法傳遞人與自然界中動人的聲音與圖像，作品蘊含溫暖的感情，朗讀起來清新動人，例如：《星星和蒲公英》中的〈露珠〉：「誰都不要告訴喔。清晨，庭院的角落裡，花兒在悄悄掉眼淚……」。

《蝸牛：林良的78首詩》
文／林良
圖／盧貞穎
國語日報

另外，《誰在床下養了一朵雲》（林世仁）富想像力與童趣，能滿足與活化讀者的心靈，領會文字的精妙，如書中所寫：「詩是文字的光，光珠有七彩的蕊，那是眉毛在學鳥的飛翔，耳朵追蹤風的足跡，雙手撫摸出世界的臉……」。

《誰在床下養了一朵雲
——林世仁童詩精選集》
文／林世仁
圖／林小杯
親子天下

閱讀兒歌、童謠、童詩繪本是一種文學與美感的經驗，可以特別加強孩子對於韻文的理解力與朗讀的流暢度。在加強理解力方面，可以使用「心智圖像法」配合「放聲思考法」，也就是請孩子在聽完父母或老師的朗讀後，將想像的圖像說出來，以澄清接收到的訊息，並增進理解力。在加強流暢度方面，可以使用「回音唱誦法」，先由父母或老師朗讀一行詩，再由孩子跟著朗讀一次，模仿其精確性、速度感與表達力。

若希望培養孩子對於詩的喜愛與投入，需要提供機會讓他們在有趣及有意義的情況下學習。當孩子了解如何在有限的文字中掌握感覺的本質，並習慣將詩的內容與自己的生活經驗連結時，將能享受童詩的魅力。

親子共讀小診間

Q 孩子適合讀古詩嗎？該如何讀？

A 孩子閱讀優美的古詩能陶冶身心，提升文學與美學的素養，並認識文化的精髓。可以為理解力較高的孩子選擇優良的古詩做延伸閱讀，內容須與孩子的發展及生活經驗相關以產生共鳴。由於親子共讀後的討論能集中孩子的專注力與參與感，可以試著選不同主題的詩進行欣賞與討論。例

如：《春風花草香》中的浪漫抒情詩〈望天山門〉描述山水互相映襯的雄偉景象，充滿了豐富的想像，共讀後可以與孩子談擬人化的寫景方式，為孩子提供思考的輪廓。《曲項向天歌》中的〈早發白帝城〉是作者李白以第一人稱描述遠行的所見、所聞與所感，共讀後可以與孩子以第一人稱描述各自的旅行經驗。

培養終身的幽默感

　　幽默是什麼？每個人都具備幽默感嗎？有需要幽默感嗎？在一向標榜刻苦向學、規矩行事的社會中，幽默常遭到忽視或抑制。然而，也有些自認幽默的人實際上是以消遣或傷害他人為樂趣，因此幽默的表現是需要分辨及培養的。

　　幽默是社會能力的一種要素，它能夠發揮「社會潤滑劑」的效果。當人們發揮幽默感時，會啟動 α 腦波及分泌多巴胺（dopamine）與腦內啡（endorphin），降低內在的焦慮與敵意，增強問題解決的能力，進而提升身心的健康。要了解一個人是否幽默，可以從他社會行為的三個面向來觀察，包括對有趣事物產生的反應，例如：微笑、大笑，或是能夠透過說笑話或扮小丑製造娛樂效果，以及綜合以上兩者表現自娛娛人。

幽默繪本的挑選原則

既然幽默有益身心健康，又能促進人際關係與表現，是否有方法能夠培養良好的幽默感呢？其實人從嬰兒期開始，就受所接觸的社會環境，包括人、事、物的互動經驗所影響，當歡笑的行為受到期待與歡迎時會增強，當不被鼓勵或受規範時會消減。因此必須提供孩子良好的刺激與示範來培養幽默感。

幽默感的學習需配合年齡的發展，舉例來說，兩歲的學步兒是以自我為中心，能思維但不合邏輯，無法看見事物的全貌，若提供他們含有諷刺、扭曲與批判意涵的幽默故事，將難以引起共鳴。此外，一些以戲謔手法挑戰社會禁忌，像是「死亡」的黑色幽默故事，若處理不當，或許會造成幼兒的疑慮。在挑選具幽默感的繪本時，有兩點原則可供參考：

故事是否提供有趣、具說服力的角色楷模，鼓勵孩子形成正面的自我認同？

例如：《和甘伯伯去遊河》（*Mr.Gumpy's Outing*，John Burningham）、《丹福先生》（*Denver*，David McKee）。兩本繪本的主角都具有幽默感所需的特質：樂觀及體貼別人。因此當他們面對嬉鬧、意外或挑釁破壞時，仍能以正面的態度面對與處理，最後避免了可能的災禍，而有了歡欣鼓舞的結果。

《和甘伯伯去遊河》
文‧圖／約翰‧伯寧罕
阿爾發

《丹福先生》
文‧圖／大衛‧麥基
道聲出版

幽默中富含的不協調性是否能讓孩子進行心智遊戲、熟悉新的概念、探索新的想法，以及增進創意與發明的認知技巧？

例如：《這不是我的帽子》（*This Is Not My Hat*，Jon Klassen）。如同一齣懸疑趣味的內心獨白戲。一條偷了大魚帽子的小魚躲躲藏藏，經歷了心

《這不是我的帽子》
文‧圖／雍‧卡拉森
親子天下

存僥倖及為偷竊行為合理化的過程。最後到底螃蟹有沒有出賣小魚？當大魚取回帽子時，小魚怎麼了？作者並沒有給予肯定的答案，讓讀者多了開放的空間去思索與想像。這本繪本幽默而非戲謔，需要了解主角的動機與實際想法，並以旁觀者清的眼光來通盤解析故事的來龍去脈。這種以超然的眼光看世界，能夠綜觀大局、跳脫自我的表現實屬上乘的幽默作品。

依孩子年齡選擇能創造幽默的繪本

　　除了選書的原則外，依照幼兒的發展階段提出一些有助於孩子了解幽默、欣賞幽默，並創造幽默的遊戲及繪本。

第一階段：18～24個月

　　孩子會遵守既定的規則，例如：他們知道襪子要穿在腳上，當你將它們套在孩子的手上時，會引起他們發笑。建議可以閱讀的繪本：《麥克，穿衣服！》（*Max's New Suit*，Rosemary Wells）。姊姊璐璐幫麥克挑選及穿衣服，但麥克堅持要自己穿，結果他將襯衫穿在腳上，夾克套住頭與眼睛，然後開心的與璐璐玩喝下午茶遊戲。姊弟間純真的互動溫馨有趣。

《麥克，穿衣服！》
文・圖／露絲瑪麗・威爾斯
和英文化

和孩子討論在不同的場合要穿什麼衣服，以及該如何穿。鼓勵他們學習自己穿衣服。

第二階段：2～3歲

這階段的孩子抽象思考及記憶力增加，也喜愛玩聲音遊戲。在不需有具體事物的情況下，就可以利用錯置事實來製造幽默感，例如：故意將小狗叫成「喵喵」。

《嘰喀嘰喀碰碰》（*Chicka Chicka Boom Boom*，Bill Martin Jr. & John Archambault）很適合這個階段的孩子閱讀。這個以拼貼藝術表現擬人化的想像故事，也是一首充滿節奏的英文字母兒歌，可以鼓勵孩子在滑稽逗趣的氛圍中大聲朗讀與歡呼。

延伸活動

　　與孩子一起朗讀，並配合情節與節拍高呼：「Chicka Chicka Boom! Boom!」可以準備一套字母積木或紙卡，請孩子依照不同字母的出場順序點選字母，也可以用來排序或數數。在大團體活動中，可以請孩子扮演不同的字母，並隨著音樂節拍一起念唱。

第三階段：3～6歲

　　當孩子對世界的了解增加，需要更多的不協調性才能觸發他的幽默感。逐漸領會因邏輯或概念的不協調所引發的幽默，經常對於不合理的視覺圖像感興趣。七歲以後的推理能力較成熟，對於幽默的領會較接近成人。

　　在《朱家故事》（*Piggybook*，Anthony Browne）

中，朱家的爸爸和兒子們從不做家事，朱媽媽每天都累得筋疲力盡，直到她留下「你們是豬」的字條後離家出走，家裡無人整理，因而亂得像豬圈。這本書的圖畫中藏了許多細節，提供幽默、諷刺的視覺效果，出乎意料的結局挑戰了性別的刻板印象。

《朱家故事》
文・圖／安東尼・布朗
英文漢聲

延伸活動

　　和孩子一起尋找圖畫中不協調或幻想的部分。討論家事應該由誰負責？性別是否限制我們應該做什麼？當不滿意與他人的互動關係時，可以如何解決？

有趣的學習能夠對幼兒產生意義且效果持久，如果學習經驗中帶有幽默將更有價值，而且容易記住。由於幽默感是一種社會學習，當父母與孩子分享幽默的觀點時，會增添孩子的快樂，當孩子看到父母喜歡笑、喜歡表現幽默時，會覺得這樣的情緒是被接納與鼓勵的。《聖經》箴言中說：「喜樂的心乃是良藥，憂傷的靈使骨枯乾」，如果我們能幽默的待人處事，將使身心靈健康愉快。

教孩子換個角度理解他人

學習寬恕，快樂成長

　　英文有句諺語：「饒恕別人，放過自己。」當我們原諒別人的過失而不再生氣時，就能達到內心的平靜。當我們寬恕別人時，自己的身心將得到釋放與平和。寬恕是需要學習的，而且越早學習效果越好。但是面對道德發展正處於「自我中心」階段的幼兒，可以透過什麼方式或媒介來幫助他們放下被傷害的感覺，並學習寬恕呢？其實寬恕的學習不是盲目的壓抑自己受傷的感覺，而是能同理並接納對方，進而釋放負面的情緒。如果能以繪本當媒介，運用其中與孩子相關的內容及問題來說故事和討論，將有助於孩子改變想法及行為。

學習寬恕的關鍵：同理心

　　學習寬恕的主要關鍵是「同理心」的養成，也就是

幼兒能設身處地了解別人內在的思想與感覺。同理心綜合了認知與情感的成分，我們須先了解它的認知發展與情感的激發模式。

心理學家霍夫曼（Hoffman，1984）等人對兒童的心理發展提出了四個觀點：

(1) 一歲前：處於自我融合的階段，分不清人我關係，會將別人的情緒當作發生在自己身上一樣。

(2) 一歲左右：個體恆存概念逐漸形成，能區分別人和自己的痛苦，但以為別人的感受都與自己的一樣。

(3) 2～3歲：開始形成觀點取代的認知，會察覺別人的感受可能與自己的不同，而且是因為別人對事物的解讀或需求所產生的。

(4) 6歲左右：逐漸形成對個體的認同，知道人是連續成熟的個體，會透過自己的成長經驗來回應別人的情緒，即使對方表現得不明顯，也能同理對方內在的情緒。

同理心包含了情感成分，以及從無意識發展到具較高層次的認知：

(1) 反射性的哭泣：新生兒聽到別的嬰兒哭泣時，也會主動帶著痛苦表情哭泣。

(2) 制約反應：觀察並發現別人受到痛苦，觀察的經驗形成「制約刺激」，若以後再發現相關的制約刺激時，會覺得自己也很痛苦而產生不舒服的「制約反應」。

(3) 直接聯想：看到別人的情緒表現，會聯想到自己的經驗而與別人同悲同喜。

(4) 模仿：經由主動模仿別人的表情動作而體會相同的情感。

(5) 象徵性的聯想：能透過象徵性物件，像是聲音、圖畫去感受別人的情感。

(6) 角色取代：能站在對方的立場去想像及感受。

用故事教孩子寬容的心

　　根據以上同理心的認知發展與情感激發模式，我們了解要培養或激發孩子的同理心，須提供學習機會及媒材，例如：閱讀活動及繪本。當針對孩子的行為問題，有技巧的引導孩子說故事，能讓孩子較自在的洞察內在的衝突。故事必須與孩子的日常經驗緊密相連。以下四本繪本適合用來學習寬恕行為。

 《是蝸牛開始的！》

《是蝸牛開始的！》
文／卡特雅・雷德爾
圖／安格拉・馮・羅爾
三之三

　　有一天，蝸牛批評豬又胖又髒，豬覺得很煩就去批評兔子膽小，接下來就像接力賽般，動物們一個個接著批評對方，最後白鵝受到蜘蛛的批評，心裡不高興而去批評蝸牛。蝸牛這時才警覺到被批評的難過，而去找豬道

歉，豬又去找兔子道歉，就這樣大家都互相道歉及原諒了對方。《是蝸牛開始的！》（*Vom Glück ein dickes Schwein zu sein*，Katja Reider）善用類似、可預測的語句，以及回歸原點的探究方式，讓孩子感受到批評的傷害及寬恕帶來的平安喜樂，學著以不同的角度欣賞、體諒別人，並抒發自己的情緒及建立良好的自我觀。

 《南瓜湯》

貓、松鼠和鴨子三個好朋友住在樹林的小屋中，每個人各司其職，天天煮好喝的南瓜湯。可是有一天，鴨子執意要搶松鼠負責攪拌湯的工作，大家爭執不休，結果鴨子負氣離家出走。松鼠和貓在擔心與思念鴨子之餘，決定

《南瓜湯》
文・圖／海倫・庫柏
和英文化

原諒及容忍鴨子。《南瓜湯》（*Pumpkin Soup*，Helen Cooper）中，朋友間的鬥氣與關懷符合孩子的日常經驗，彼此間的包容與接納，更讓孩子感受到友誼的可貴，而學習寬恕與妥協。

 ### 《是誰嗯嗯在我的頭上？》

《是誰嗯嗯在我的頭上？》
文／維爾納·霍爾茨瓦爾斯
圖／沃爾夫·埃爾布魯赫
三之三

故事敘述一隻小鼴鼠被一坨意外掉在他頭上的大便破壞了好心情，開始到處不客氣又充滿懷疑的追問動物們：「是不是你嗯嗯在我的頭上？」直到向偵查出的肇事者大狗興師問罪時，自己竟也意外的大便在大狗頭上。《是誰嗯嗯在我的頭上？》（*Vom kleinen Maulwurf, der wissen wollte, wer ihm auf den Kopf gemacht hat*，Werner Holzwarth）是個幽默詼諧又帶點

小常識的故事，能讓孩子在歡笑之餘，學習寬恕別人的無心之過，因為自己也可能在無意中冒犯了別人。

 ## 《蒼鷺小姐和鶴先生》

《蒼鷺小姐和鶴先生》
文／約翰‧尤曼
圖／昆丁‧布雷克
道聲出版

《蒼鷺小姐和鶴先生》（*The Heron and the Crane*，John Yeoman & Quentin Blake）這個故事是在描述住在沼澤一端的鶴先生想結婚，於是走到沼澤的另一端，向住在那兒的蒼鷺小姐求婚。但震驚到不知該如何回應的蒼鷺小姐粗魯的拒絕了鶴先生，等鶴先生沮喪的離開時，蒼鷺小姐才警覺到自己是願意嫁給鶴先生的，連忙去道歉及表達情意。但這回換自尊心受損的鶴先生以高姿態回絕了蒼鷺小姐。就這樣彼此為了無謂的自尊，重複捲入傷害對方又道歉的循環中。這個滑稽嘲諷的故

事，反映出人際的衝突與誤會常因驕傲而無法化解，如果能慷慨、體諒的寬恕別人，將為彼此帶來美好愉悅的關係。

延伸活動

閱讀的延伸活動，例如模擬問題情境說故事，或模仿角色的扮演遊戲都有助於培養同理心與寬恕的行為，以下請參考。

(1) 相互說故事

讀完《南瓜湯》後，請孩子試著說一個具衝突性的故事，然後父母說一個類似的故事，而且解決了原本故事中的衝突，並導向較健康的調適。例如：相爭執的手足容易說互相攻擊的故事，父母可以用類似的情境和角色，說一個手足融洽的故事，並將孩子的名字套入其中。接下來鼓勵孩子繼續說手足間相親相愛的

故事，使其成為一種印象，讓孩子自然形成手足間和好的行為。孩子在經過多次的互相說故事後，會去檢視自己的現實環境，思考未來該如何正向處理生活的問題。

(2) 戲劇化說故事

戲劇化的呈現方式能讓孩子更融入故事中，並接受其中傳達的訊息。例如：將《是蝸牛開始的！》編成簡單的劇本，請孩子演出。孩子透過角色扮演能引發他們的情感反應，站在對方的立場去想像及感受。幼兒不容易說出結構完整的故事，當加入戲劇化的元素，並配合道具與場景時，能加強他們的敘述能力。

寬恕別人有助於維護個人身心健康（Enright，2001），閱讀繪本或延伸活動都在設法幫助孩子從自我中心發展出感受別人的同理心，將外塑的行為動機發展成自發性的行為動機。唯有能引起孩子利己及利他的反應，才能真正學會如何寬恕。

啟發式閱讀篇
愛閱孩子能力大躍進

以繪本閱讀引導提問與互動，以延伸遊戲及活動啟發孩子的深度思考與創意想像，提升孩子的智商與情商。

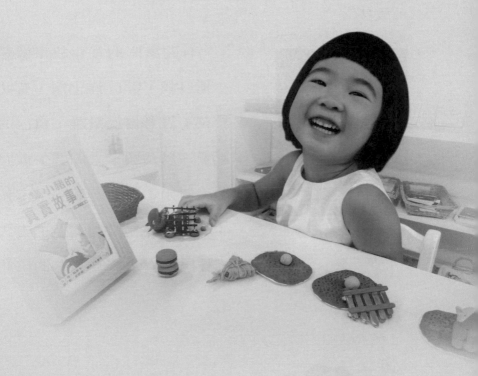

回溯兒時，了解自我
用童年故事釀出美好的回憶

　　家對於孩子來說是最熟悉的避風港，而圍繞著家庭內外發生的種種生活經驗，能夠喚起孩子對於家的依戀與安全感。這些可能包含媽媽煮菜的香氣，爸爸回家時的擁抱，以及家人一起吹熄蛋糕上蠟燭的滿足。這些珍貴的記憶能夠支持孩子，讓他們以家為根基，健康快樂的成長。

《荷花鎮的早市》
文・圖／周翔
聯經出版

　　有關家庭的童年故事像是一種自我了解的催化劑，有助於孩子思考自己是誰、自己的感覺，以及與家人的關係或問題。例如：《荷花鎮的早市》（周翔） 透過穿梭遊覽的方式描繪出江南水鄉及特有的市井

文化，同時將人與人之間的
親切互動和對故鄉、親人的
眷戀含蓄的傳達出來。《山
中舊事》（*When I Was Young
in the Mountains*，Cynthia
Rylant）追憶兒時與祖父母生
活在美國西維吉尼亞州山區

《團圓》
文／余麗瓊
圖／朱成梁
信誼出版

那種平靜安逸、溫暖純樸的生活。《團圓》（余麗瓊）
將家人久別重逢後團聚的期待與喜悅，以及為了生活得
離家到外地工作的依依不捨，深情呈現，內斂而動人。

　　前述三位創作者的童年及當地的人情與地理環境對
他們本身及寫作的影響很深。他們透過生活化的描述，
將時代背景、文化、宗教及傳統習俗自然帶出，內容樸
實動人，流露出兒時愉快的回憶及淡淡的鄉愁。以下所
介紹的相關活動，有助於引導孩子對於文本產生反應，
並觸發孩子將故事的影像與生活中的事物連結起來。

🥿 閱讀前

讓孩子先將書本瀏覽一遍，透過閱讀書名與封面圖畫，預測內容是什麼樣的故事，以及故事發生的地方、時代等。

🥿 閱讀中

鼓勵孩子仔細欣賞插圖的細節，了解文本中不熟悉的文化與生活環境，並透過提問讓孩子深入探索文本。

例如，你認為《荷花鎮的早市》故事發生的地點在哪裡？對孩子提示周翔兒時曾住在江蘇省南通市，並幫孩子從地圖上找出該省的不同地區。再將孩子與作者的經驗相連結，並提問：如果由你來寫自己的回憶故事，地點會在哪裡？這個地點有什麼特色？

在《山中舊事》中，大家會利用小游泳水坑做些什麼？你家附近是否有大家都喜歡聚集的地方？大家都在那裡做什麼？

好運幣是什麼？為什麼《團圓》中的毛毛那麼在意好運幣？當她將好運幣轉送給爸爸時，心裡想些什麼或期待什麼嗎？

 閱讀後

閱讀後，鼓勵孩子進行提問與寫作。

在提問方面，可以問孩子：《荷花鎮的早市》、《山中舊事》與《團圓》寫的回憶內容是什麼？如果是你寫，你會想寫些什麼？

陽陽的奶奶過八十歲生日時，家人們準備了什麼幫她祝壽？麵條代表了什麼意義？你出生時有收到什麼特別的祝福嗎？

勞倫特必須到山下井裡取水再燒熱洗澡，你覺得那種感覺如何？和我們的生活方式有什麼不同？

毛毛的爸爸為什麼每年只回家一次？什麼時候？他的職業是什麼？他用什麼方式表達對家人的愛與關懷？

在寫作方面，《荷花鎮的早市》、《山中舊事》與《團圓》都是圖與文相輔相成、感情豐沛的優質繪本。同樣擅長描寫個人成長故事的繪本作家派翠西亞・波拉蔻（Patricia Polacco）曾說：「寫你經歷過的事，當故事對你有意義時，可能對別人也會產生意義。」這句話道出了他們寫作的要點。其中《山中舊事》重複的點出主題「我小時候住在山上」，已為故事立下了一個極好的開場及結尾，很適合作為孩子寫作的範例。如果孩子還不太會寫字，也可以用畫圖表現，請參考以下步驟：

(1) 反覆欣賞《荷花鎮的早市》、《山中舊事》與《團圓》後，讓孩子完成自己的回憶備忘錄。

(2) 朗讀《山中舊事》，並特別強調開頭句子：「我小時候住在山上」。

(3) 參考回憶備忘錄，完成學習單一到四，並畫上符合文本的圖畫。

(4) 請孩子發表他們所完成的學習單的內容，包括文本

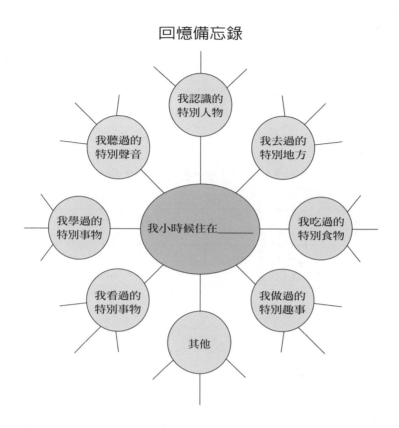

與圖畫。

(5) 參考三本書的封面,思考自己學習單內容的重點
後,創作一個適合的封面與書名,將封面與學習單
裝訂成書。

〔**學習單一**〕

我小時候住在＿＿＿＿＿＿＿＿＿＿＿＿＿＿＿＿＿＿，

＿＿＿＿＿＿＿＿＿在餐桌上擺滿了 ＿＿＿＿＿＿＿＿

＿＿＿＿＿＿＿＿＿＿＿＿＿＿＿＿＿＿＿＿＿＿＿＿＿

＿＿＿＿＿＿＿＿＿＿＿＿＿＿＿＿＿＿＿＿＿＿＿＿＿

＿＿＿＿＿＿＿＿＿＿＿＿＿＿＿＿＿＿＿＿＿＿＿＿＿

＿＿＿＿＿＿＿＿＿＿＿＿＿＿＿＿＿＿＿＿＿＿＿＿。

〔**學習單二**〕

我小時候住在＿＿＿＿＿＿＿＿＿＿＿＿＿＿＿＿＿＿，

我／我們帶著 ＿＿＿＿＿＿＿＿＿＿＿＿＿＿＿＿＿＿，

走過 ＿＿＿＿＿＿＿＿＿＿＿＿＿＿＿＿＿＿＿＿＿＿，

穿過＿＿＿＿＿＿＿＿＿＿＿＿＿＿＿＿＿＿＿＿＿＿，

到了＿＿＿＿＿＿＿＿＿＿＿＿＿＿＿＿＿＿＿＿＿＿

＿＿＿＿＿＿＿＿＿＿＿＿＿＿＿＿＿＿＿＿＿＿＿＿。

〔**學習單三**〕

我小時候住在＿＿＿＿＿＿＿＿＿＿＿＿＿＿＿＿＿＿，

星期天我們＿＿＿＿＿＿＿＿＿＿＿＿＿＿＿＿＿＿＿＿

＿＿＿＿＿＿＿＿＿＿＿＿＿＿＿＿＿＿＿＿＿＿＿＿＿＿

＿＿＿＿＿＿＿＿＿＿＿＿＿＿＿＿＿＿＿＿＿＿＿＿＿＿

＿＿＿＿＿＿＿＿＿＿＿＿＿＿＿＿＿＿＿＿＿＿＿＿＿＿

＿＿＿＿＿＿＿＿＿＿＿＿＿＿＿＿＿＿＿＿＿＿＿＿。

〔**學習單四**〕

我小時候住在＿＿＿＿＿＿＿＿＿＿＿＿＿＿＿＿＿＿，

我＿＿＿＿＿＿＿＿＿＿＿＿＿＿＿＿＿＿＿＿＿＿＿＿＿

＿＿＿＿＿＿＿＿＿＿＿＿＿＿＿＿＿＿＿＿＿＿＿＿＿＿

＿＿＿＿＿＿＿＿＿＿＿＿＿＿＿＿＿＿＿＿＿＿＿＿＿＿

＿＿＿＿＿＿＿＿＿＿＿＿＿＿＿＿＿＿＿＿＿＿＿＿。

這就是我＿＿＿＿＿＿＿＿＿＿＿＿＿＿＿＿＿的生活。

除了以上三本繪本，這類動人的童年故事還有不少值得介紹給孩子的作品，例如：《鐵路腳的孩子們》（呂游銘），作者將自己童年時間（約1960年代）萬華車站旁的市民生活，例如：看牛車在路上行走、欣賞野臺戲，以及嬉戲於戶外的樸趣生活，透過童稚的眼光細膩描繪，讓孩子一窺早期臺北市的生活樣貌。

《我家在這裡》（黃郁欽）以自己的成長故事出發，從埔里到臺北介紹特有的人情與

《鐵路腳的孩子們》
文‧圖／呂游銘
和英文化

地貌，清新富童趣的風格與漫畫的手法讀來輕鬆有趣。

《三支金鑰匙》（*Die drei goldenen Schlüssel*，Peter Sís）透過如夢境般的場景，遊走在捷克布拉格四季的風光與歷史文化中，引領讀者認識他的故鄉及感受他的童年回憶。還有《媽媽做給你》（おかあちゃんがつくったる，長谷川義史）講述樂觀堅強的單親媽媽透過親手縫製的東西，讓生活不優渥的長谷川義史也能感受到滿滿的溫暖和愛。父母可以參考所提供的閱讀活動與孩子一起溫馨共讀。

《我家在這裡》
文‧圖／黃郁欽
玉山社

《媽媽做給你》
文‧圖／長谷川義史
維京國際

拼布被──家族記憶、幾何學與材料科學

　　繪本與教學的結合須符合學習者的年齡、需要及興趣。若對象是幼兒，需考量他們的學習是以理解「具體的」事物做開端，慢慢朝向對「圖像的」推理與分析，然後進一步以整合與評鑑的方式來了解「抽象的」意涵。因此當我們為孩子介紹繪本前，可以先將與故事主題相關的物件拿給孩子看，運用提問引起他們的好奇，再進一步探索及分享物品的性質、用途及歷史等。

具體理解→抽象理解

　　拼布被屬於某些文化的傳統物品，其製作及蘊藏的精神具有不凡的意義。目前各地有不少人蒐集家中親屬的舊衣服碎布，將其縫製成拼布被，除了可作為紀念

品，也可當工藝品欣賞或蓋毯使用。我們可以拿一條拼布被讓孩子觸摸它的質感，觀察它的設計、樣式，並思考、討論，例如：你家有沒有類似的毯子？你認為它有多少年了？是買的還是自己做的？你認為它有價值嗎？

完成具體的物品探索後，再請孩子閱讀《傳家寶被》（*The Keeping Quilt*，Patricia Polacco），喚起他們對「家庭」主題的興趣及熟悉感。故事是媽媽邀請左鄰右舍，一起

《傳家寶被》
文·圖／派翠西亞·波拉蔻
遠流出版

將小安娜離開故鄉俄國時，唯一穿戴的洋裝及頭巾加上一些碎布，縫製成一條拼布被，作為對家鄉的紀念。這條拼布被在家族中曾被當成生日聚會時的桌布、婚禮的遮篷，以及迎接新生兒的包巾，結果這條拼布代代相傳，承載了家族對於故鄉的記憶及世代間情感的關係。

瓦萊麗弗‧盧努瓦（Valerie Flournoy）著的《拼布被》（*The Patchwork Quilt*）談的也是與「家庭」有關的主題，主角泰雅認真的幫臥病在床的祖母製作家族拼布被，不僅帶動家人們一起完成祖母的心願，自己也得到了獎賞與讚美。

當故事與物品的探索連結後，我們可以將物品作為跨學科學習的一部分，以探索與數學、科學及社會學科相關的概念。以下分別說明。

數學

與孩子一起找出拼布被圖案的形狀及移動方向，以了解其中的「幾何」及「規律」性，並「測量」布塊及被子的面積與周長。

科學

與孩子一起發現布料的特質，學習縫製拼布塊及襯裡使用的方法，練習使用量尺、設計的工具及針線，以及參與設計到完成拼布被的過程。在這些活動中，孩子

實際探索了「材料的科學」、「科技的使用」以及「科學過程的應用」。

社會

　　「家庭」是幼兒熟悉的主題，圖文並茂的《傳家寶被》與《拼布被》是兩本優質的繪本。當孩子們先親眼看見，直接體驗，並知道拼布被是由一塊塊碎布拼製而成後，再欣賞故事，更能領會拼布被中所隱喻的家族世代間的愛。對於生活經驗較廣、理解力較高的孩子，可以再閱讀賈考琳・伍德森（Jacqueline Woodson）《指引方向》（*Show Way*）。內容是描述非裔美國人的家族從奴隸制度到目前自由平等的歷史，並藉由拼布被闡述了奴隸經地下鐵路逃脫出來的勇氣、歷程及方法，並涉及以下三個面向：

(1) 歷史的影響力：奴隸無自主權以及和地下鐵路逃亡路線的連結。

(2) 經濟的觀點：棉花是便宜受歡迎的織品材料。

(3) 文化的傳統：非洲裔美國人的拼布被藝術及其中暗
　　藏的逃亡密碼。

統整式學習──廣泛閱讀相同主題繪本

　　廣泛閱讀相關主題的繪本能夠發揮故事的文本對於
讀者本身，不同的文本對於文本，以及文本對於世界的
連結。我們可以將《傳家寶被》、《拼布被》及《指引
方向》中的內容設計成一張圖表架構，當讀完每本書後
與孩子討論，並將每個問題的要點記錄下來，孩子們將
很容易看出彼此間連結的關係（請見下表）。也可以讓
孩子自己擴充這張圖表，讓他們練習自主學習。

書名與作者	在製作拼布被時有誰參與?	為誰做的拼布被?	在拼布被中能夠發現哪種「家庭故事」?
《傳家寶被》派翠西亞·波拉蔻	曾祖母安娜	四代以來的新生兒,傳到故事旁白者的嬰兒	有關家族如何來到美國,以及他們在那裡的生活。
《指引方向》賈考琳·伍德森	蘇妮和她的媽媽、祖母、曾祖母	四代的親戚及朋友	因祖先爭取自由成功,家族從奴隸身分變為自由人。全家族的人權與義務得以保障及履行。
《拼布被》瓦萊麗弗·盧努瓦	泰雅和媽媽、祖母、泰德、吉姆	泰雅	家人之間彼此關懷、互助,一起完成具紀念價值及家族回憶的拼布被。

　　當把焦點放在多本關於拼布被與家庭故事的繪本上,能有效幫助孩子將故事與自己的家庭連結。而運用繪本與物品的連結,能讓孩子在反覆檢視中,透過提問、觀察、反思及理解來了解周遭的世界,那麼所習得的將是融合了讀寫、科學、數學及社會的統整式學習。

　　整合提問及寫作的活動，讓孩子創作以紙代替布的個人拼布被。步驟如下：

(1) 將A、B兩張八開圖畫紙各摺成六格同樣大小的區塊。將A紙依摺線剪成六張小翻頁，B紙不用剪裁。將A紙剪好的小翻頁各自浮貼在B紙的六個不同區塊上，形成浮貼的小翻頁（如下所示）。

<table>
<tr><td></td><td></td><td></td></tr>
<tr><td></td><td></td><td></td></tr>
</table>

(2) 在B紙的每一個區塊中寫上自已曾和誰去過
　　哪些地方或場合，以及做過哪些事。（如
　　下所示）

浮貼處 ──→

_____和我一起_____，

_____。

↓

浮貼處 ──→

爸爸、媽媽和我一起去陽明山
看星星，我們看到了閃閃發亮
的北極星！

(3) 依照B紙方格中的書寫內容，在浮貼的小翻頁上，畫上相關的圖案。（舉例來說，上述(2)示範的文字對應的是，下圖右下角有星星圖案的浮貼小翻頁。）完成作品後，就是孩子的拼布被，請孩子介紹他的拼布被。（如下所示）

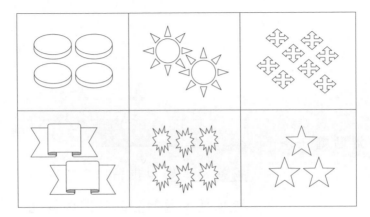

灰姑娘的玻璃鞋
可以換成金履鞋嗎？

　　灰姑娘的故事家喻戶曉，許多人都是從迪士尼的動畫中認識它，其中灰姑娘掉落玻璃鞋的情節更令人印象深刻。其實迪士尼的版本只是全世界流傳中的一種，因為灰姑娘是從遠古就以口傳方式流傳下來的，所以在印度、法國、韓國、墨西哥等地都有類似且背景符合當地民情風俗的灰姑娘故事。「玻璃鞋」版本的背後據傳還有段小軼事。話說在法國，松鼠的「皮」（vair）與「玻璃」（verre）的發音相似，因口述與紀錄間的誤差，使得法國版的灰姑娘變成穿「玻璃鞋」。

葉限──另一種版本的灰姑娘

　　若要追溯全世界第一個以文字記錄的〈灰姑娘〉版

本，應該是中國唐代的段成式所寫的〈葉限〉，被收錄在他的小說《酉陽雜俎》中，光復書局以繪本形式改寫出版，書名為《葉限》，此外也有華裔美國人楊志成（Ed Young）負責插畫的版本《葉限》（Yeh-Shen）。故事描述在中國秦漢兩朝前，一位吳姓洞主（相當於當地的首領）娶了兩位太太，其中一位過世，留下善良美麗的女兒葉限。等洞主過世後，葉限的後母開始折磨她，葉限只能從飼養在池中的金魚得到慰藉。有一天後母喬裝成葉限將金魚殺死烹煮，葉限悲傷欲絕，此時魚精告訴她將魚骨收好，有需求時可以求魚骨幫助。某個節日，後母將葉限留在家中，帶著親生女兒參加慶典，等後母離開後，葉限穿上魚骨變給她的金履鞋及美麗的衣裳悄悄去參加慶典。為了避免被後母發現身分，葉限匆忙逃離而掉落了一隻金履鞋，最後陀汗國王子憑著金履鞋找到葉限，並和她結婚。

反覆閱讀能產生深入的理解

美國教育研究者瑪麗・海因斯貝利（Mary Hynes-Berry）曾執行一項有關提問的教學研究，她將《葉限》說給一班孩子聽，當時引發了一連串的討論。一位只看過迪士尼動畫版的男孩安東尼提出質疑：「妳說這是灰姑娘的故事，為什麼她有一雙金履鞋？灰姑娘的鞋子應該是一雙玻璃鞋。」海因斯貝利解釋：「這是一個源自於中國的灰姑娘故事，黃金在中國很貴重，所以金子做的金履鞋很特別。」過了一會兒，安東尼主動提出看法：「我知道為什麼妳說這個女孩穿的不是玻璃鞋。因為她沿著一條布滿岩石的路奔跑。如果玻璃鞋掉落，碰到岩石會碎掉，那就不會有鞋子留下來讓王子配對了。而且她的腳會流血，對！她的腳如果跑在岩石路上，會滿滿的都是血！」從安東尼的敘述中，可以看出他考慮到因果的一致性。我們也看出一個好的故事值得反覆閱讀，還能提供不同的版本做比較，因為每次的閱

讀經驗都會讓孩子產生新的或更深入的理解。

思考問題解決的過程

在討論中所提出的問題也非常重要，會影響孩子的答案。如果我們問的是封閉性問題，例如：「葉限的鞋子是用什麼做的?」答案只會是：「金子。」因為這是個對或錯的問題，孩子需具有知識與理解力。如果問的是引導性問題，例如：「為什麼葉限被選為新娘，而不是她的姊姊？」答案沒有一定，有可能是：「因為葉限（像全世界其他的灰姑娘一樣）有好心腸，而後母的女兒很苛薄、自私。」或是：「因為她被虐待仍不屈不饒，最後就會得勝。」等不同的意見。孩子需要有推理及較深入的思考能力，因為回答需要一些解釋及支持的論點。如果我們問的是開放性問題，例如：「為什麼這個灰姑娘穿的不是玻璃鞋，而是金履鞋？」孩子便需要運用整體評量及綜合能力去闡述，請參考下表。

提問的層次與進階的學習

問題	提問的等級	認知發展的軌跡	範例
簡單的封閉性問題	〔等級1〕知識與理解的提問	5歲前的孩子需要大量機會去練習解釋與拆解字面的意義。	葉限的鞋子是用什麼做的？
開放的封閉性問題與引導性問題	〔等級2〕分析與推理的提問	5～7歲的孩子對角色、動機及因果關係能做更複雜的推理。	為什麼是葉限被選為新娘，而不是她的姊姊被選上？
開放性問題	〔等級3〕評鑑與綜合的提問	7～12歲的孩子歸納與抽象思考的能力跨越了一個重要的發展階段	為什麼這個灰姑娘不是穿玻璃鞋，而是穿金履鞋？

製造意義的連結

問問題除了強調思考問題解決的過程，也需要製造出意義的連結。我們可以從繪本的文本與自我（孩子）、文本與文本、文本與圖畫，以及文本與世界的關係來提問（請見下圖）。

製造意義的連結

文本與自我

考慮故事情節與孩子本身的經驗與情感的關係，例如：「如果你失去父母或沒有他們的保護會很難過嗎？」或者：「如果大家都高興的參加慶祝活動，而你被排擠在外的感覺如何？」

文本與文本

比較具有類似的情節、主題或角色類型的故事。例如：「你能指出《葉限》和《仙履奇緣》（*Cinderella*，Roberto

《仙履奇緣》
文／查爾斯·貝洛
圖／英諾桑提
格林文化

Innocenti）、《灰姑娘》（*Cinderella*，Marcia Brown）中，主角們受到了什麼神奇力量的幫忙嗎？」

文本與圖畫

加強孩子對於文本、圖畫及想像間的連結，能促進他們對於圖像的想像力。在前面的例子中，男孩安東尼說：「……因為她沿著一條布滿岩石的路奔跑。如果玻璃鞋掉落，碰到岩石會碎掉……」其實在圖畫中並沒有呈現文本所描述的「布滿岩石的路」，而是安東尼自己想像出來的，這也合理解釋了為什麼不是玻璃鞋而是金履鞋的關鍵。

文本與世界

故事中的事物與孩子的理解及所受的學科訓練有關。例如：可以請孩子談談他對於玻璃及金子特性的了解。

聽完故事後，我們也可以請孩子閉上眼睛，想想故事中什麼樣的圖畫會進入腦中？我們可以畫出一條有開始、中間及結束的「故事線」，請孩子判別每幅插畫應該安排在故事線上的哪一個適當的位置，引導孩子討論及微調圖畫的前後位置。當孩子透過故事中的情節說出順序時，也同時在認真思考與解決問題，有助於訓練孩子的記憶、想像與邏輯組合能力。

　　一個豐富的故事需要被反覆閱讀引導出不同的回應，而好的問題可以觸發各種答辯，幫助孩子探究得更深入（請見下圖）。當進行引導與互動式問答時，老師擔任了促進者與督導者的角色，鼓勵孩子參與、問孩子有什麼問題或想法，並仔細聆聽、與孩子對話。老師與

孩子在問答的過程中，就像坐在翹翹板的兩端，彼此上下搖晃朝向均勢發展，漸漸地，問題的回應與責任會轉移到正在學習的孩子身上。這樣的教與學能培養出主動深入思考與解決問題的孩子。

問題與答案的交互作用

改編作品顛覆慣性思考
三隻小豬與大野狼的真相？

　　民間故事的時間與地點常設置在「很久很久以前」的某個「遙遠的地方」，很容易將讀者帶進一個想像的國度，在那裡什麼角色或事情都可能發生，例如：會說話的動物。這類故事除娛樂外，也常具有教化的功能，所以一開場就必須引發讀者的興趣，情節起伏、緊湊，結局富有寓意。

　　《三隻小豬》這個擬人化的故事就是典型的例子，充滿了狼與豬之間鬥智鬥力的情節，誇張滑稽，極富戲劇性。其中許多吸引孩子的元素，包括押韻節奏與擬聲詞的語句，充滿了詩意的風格，朗讀起來悅耳好聽，例如：「我要呼呼的吐氣，我要噗噗的吹氣，我要吹垮你的房子。」有助於孩子記憶及朗讀。許多精心安排重複三次的類似情節、聰明勤勞與愚笨懶惰的對比等，讓孩

子從欣賞故事中進行預測與比較等心智活動，展現邏輯推理能力，引發閱讀的興趣與信心。這個故事還有許多不同的版本，各自添加或改編了一些情節，很適合選擇幾本一起介紹給孩子。例如：在詹姆士·馬歇爾（James Marshall）所著的《三隻小豬》（*The Three Little Pigs*）中，添加了豬小弟比大野狼先去摘蘋果，並智取他的情節；還有豬大哥與豬二哥都被大野狼吃了，而豬小弟把大野狼吃掉了的結局。在蘇珊·羅威爾（Susan Lowell）著的《三隻小野豬》（*The Three Little Javelinas*）中，主角成了在索諾拉沙漠的三隻野豬及土狼。結局是豬大哥與豬二哥最後逃到了豬小妹家，而被燙傷的大野狼逃走了，且每當想起這段往事時，土狼總會對著月亮哀嚎。這兩種版本的文本、圖畫與背景各不相同，適合與孩子討論閱讀兩者的趣味及感覺有何不同，以及為什麼？進一步還可以試著進行改編等腦力激盪活動，依照討論的結果，將情節或背景做些變更甚至顛覆。

改編作品顛覆傳統印象

有些改編作品完全顛覆了我們對於《三隻小豬》中反派與美好正派角色的印象，例如：《三隻小豬的真實故事！》（*The True Story of the Three Little Pigs!*，Jon Scieszka）。這本繪本的封面及封底被設計成報紙的樣式，慶祝發行十年的紀念版更設計成監獄柵欄的書衣。罪犯大野狼在整本書中唱著獨角戲，以當事人的立場及觀點敘述整件事的發生經過，企圖引起讀者的同理心，把自己「殺豬」及破壞他人財產（房子）的行為合理化，並試圖把身分從一位掠食者轉為無辜的受害者。儘管大野狼振振有詞的辯論推翻了《三隻小豬》給人的既有想法，但聽起來卻似是而非，畫面也呈現詭詐的氛圍，讓孩子質疑這是一場搞笑的騙局，甚

《三隻小豬的真實故事！》
文／雍・薛斯卡
圖／藍・史密斯
三之三

至覺得自己比大野狼更聰明、厲害，不會輕易上當！

　　當我們與孩子共讀後，可以比較在自然界中真實動物與故事中擬人化動物的概念，再研究狼與豬給我們的刻板印象背後，真實的生態情形是如何。對於理解及推論能力較成熟的大班以上的孩子，可以安排一場對狼的審判會，由孩子們扮演法官、提告的證人、辯護律師及陪審團，大家一同來審判大野狼。

建構學習鷹架，提供多元閱讀角度

　　除了對照不同的版本外，也可以用《三隻小豬》向孩子們介紹科學實驗的方法。首先找出問題的情境與孩子討論，然後建立假設，再發展出測試它的實驗，最後分析結果。舉例來說，向孩子提出只有一個正確答案的封閉性問題：「三隻小豬的房子中，哪一間最堅固？是用什麼材料做的？」接著再問引導性問題：「一間房子要用什麼材料蓋，才能『堅固』到可以抵擋龍捲風或大

壞狼吹的強風？」，或是問開放性問題：「有沒有什麼方法可以將木頭房子蓋得像磚塊一樣堅固？」整個問題與討論的過程需營造愉快氣氛並具備開放性，並提供正面的鼓勵。根據美國社會心理學家卡洛‧德韋克（Carol Dweck）提出的「成長型思維模式」（Growth Mindset）主張，這樣可以讓孩子有信心面對及解決新的問題，而經過設計的提問，符合俄國社會認知發展學家利維‧維高斯基（L. S. Vygotsky）主張的，會為孩子提供學習的鷹架，讓他們以既有的知識為基礎，進一步有系統的探究、澄清與評量，然後建構出新的理解。

接下來老師可以提供小樹枝、硬紙板、膠帶與膠水等材料，讓孩子們分組用自己所選擇的材料蓋一間房子，並將實驗過程記錄下來。當孩子知道成果將「對外公開」時，會有較強的動機去克服困難。我們需向孩子清楚說明他們將負責展示與介紹作品的規則及程序，再邀請家長或其他班級的孩子來參觀。在這種教與學的動

態過程中，「錯誤」也扮演了重要的角色，老師與孩子都應該欣然接受，並將它視為一種學習，以調停許多錯誤與失策的結果。

延伸活動

當孩子們完成有關《三隻小豬》的閱讀活動後，老師可以視情況再延伸其他活動，像是問孩子有沒有其他故事中有大野狼？並提供相關的版本，例如《大野狼才要小心》（おおかみだって きをつけて，重森千佳），描述的是一隻喜歡看童話故事，並將其作為狩獵守則，穿梭在《小紅帽》、《七隻小羊》、《三隻小豬》故事中的大野狼。《豬頭三兄弟》（The Tree Pigs，David Wiesner）利用超現實主義的手法，安排三隻小豬與大野狼進出畫框內外，進行視覺顛覆的遊戲。我們可以鼓勵孩

子將這些故事做比較與分析，探討不同大野狼之間的異同，並提出論點。運用繪本提升孩子的智能須吸引孩子投入，並將故事與他們所關心的問題相連結。當孩子在釐清想法及提出更多問題時，需提供機會讓孩子解決問題，並證實他們是有能力與自信的學習者。

幫助孩子在生活中了解數學概念

看繪本，玩數學遊戲

有關大腦的研究指出，當孩子年幼時就開始對他們強調周遭的數學問題，將有助於他們日後的學業表現。當幼兒面對反映在遊戲或日常生活中的趣味性數學問題時，得到的問題解決技巧會比較有彈性及持久。

將趣味性帶入數學算式中

在傳統的幼兒教育中，數學所占比例偏低，這常與老師本身對數學缺乏興趣，或不知該如何設計教學有關。若數學只被簡化成數字或算式，例如：$4 + 5 = 9$，將無法激發孩子發現問題的意義及答案的動機。但如果將趣味性的故事放入這個算式中，將使它變得具有吸引力。舉例如下：

今天是小真4歲的生日，媽媽邀請了5歲的愛美來做客，並準備了裝飾有5顆葡萄和4顆草莓的生日蛋糕為小真慶生，結果小真和愛美一起把蛋糕上的9顆水果都吃光了。

聽完故事後，能讓孩子可以理解到：

(1) 算式的意義

請孩子將蛋糕上的水果相加，寫成算式：

4（顆）+ 5（顆）= 9（顆）

(2) 量詞的概念

故事中包含了「顆」這個單位量詞的概念。

(3)「集合」概念

9顆水果（母集合）中，包含4顆草莓（子集合）與 5顆葡萄（子集合）。

挑戰幼兒的比較心──誰的名字比較長？

幼兒喜歡與別人比較，常認為「比較大」等於「比較好」，也常注意「我還需要多少？」「我有得到公

平的分量嗎？」由民間故事改編的《踢踢踢踢天寶》（Tikki Tikki Tembo，Arlene Mosel）便嵌入了數學的情節，富節奏的韻文讀起來朗朗上口，所衍生的社會情緒面向也符合孩子所關心的問題。內容是一位洗衣婦幫她的大兒子取了一個非常長的名字——**「踢踢踢踢天寶‧農沙軟寶‧查理巴黎瑞奇‧皮皮佩理偏寶」**，以示尊貴，卻幫她的小兒子取了非常簡短的名字——**「點」**。當「踢踢踢踢天寶‧農沙軟寶‧查理巴黎瑞奇‧皮皮佩理偏寶」掉進井裡時，「點」跑去求助，所有人都一再堅持要「點」說出他哥哥的全名「踢踢踢踢天寶‧農沙軟寶‧查理巴黎瑞奇‧皮皮佩理偏寶」以示尊重，而浪費了寶貴的搶救時間。結果當「踢踢踢踢天寶‧農沙軟寶‧查理巴黎瑞奇‧皮皮佩理偏寶」獲救後，很久才康復。結尾老公公說：從那天起，人們認為為所有的孩子取簡短的名字是一種較明智的做法。挑戰了「較大的」、「較長的」等於「較好的」想法。

我們可以拿一張方格紙，將「踢踢踢踢天寶・農沙軟寶・查理巴黎瑞奇・皮皮佩理偏寶」名字中的22個字，填入方格中形成一行，然後在下一行將「點」單一個字填入一個方格中，這樣上下兩行一比較就知道誰的名字比較長。然後將上下兩行相減：22 − 1 = 21，得知兩人的名字數目相差了21個字。「字」在這個算式中成了測量的「單位」，加減與比較的數學問題也因故事性而變得有趣、實用。

　　另一本有關名字的民間故事是《侏儒怪》（*Rumpelstiltskin*，Paul O. Zelinsky）。故事是說侏儒怪威脅皇后履行之前的約定，如果在三天內猜不出他的名字，就會將皇后的孩子帶走，皇后猜了「威爾」、「卡斯珀」等名字，最後透過僕人的情報，終於知道侏儒怪叫「魯姆佩爾施蒂爾茨欣」而保住孩子。也可以請孩子聽完這個故事後，運用文本中提出的名字做數量比較遊戲。

1. 製作長條圖

　　我們還可以進行延伸活動。集合幾個孩子的英文名字，依字母數目製作成由低到高的長條圖，例如：名字中有3個字母的Ave、Nan、Sal，4個字母的Mary、Bill，5個字母的Allen，請看圖1。並且統計名字中有3個字母的共3人，4個字母的共2人，5個字母的共1人，請看圖2。

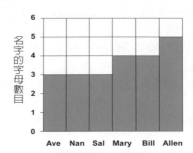

圖1 孩子的名字

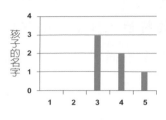

圖2 名字的字母數目

2. 堆積木

除了用長條圖比較英文名字外，也可以用「積木」做「單位」來比較，例如：運用媽媽克莉絲汀（Christine）9個字母的名字和兒子伊文（Ivan）4個字母的名字分別堆疊成名字火車或名字塔（請看下圖）。

此外也需提醒孩子相同的單位，必須被用來比較相同的特性，才能「公平的」比較。例如：下圖使用了不同尺寸的積木當單位，很難看出從左邊數來第二個與第三個的名字塔是由相同數量三個字母構成的。

　　這些長條圖、名字塔及名字火車各自代表了不同的名字、數量及意義，能讓孩子聯想到一些故事，進一步產生可能的問題及討論。

延伸閱讀

建議繼續延伸閱讀的繪本有：可以結合推理的計數及圖表使用的《賣帽子》（*Caps for Sale*，Esphyr Slobodkina）。思考測量、成長速率及尺寸的《我長大了》（*The Growing Story*，Ruth Krauss）。

《我長大了》
文／露絲‧克勞斯
圖／海倫‧奧森貝里
道聲出版

《賣帽子》
文‧圖／艾絲菲‧斯勞柏肯納
上誼文化

有關數量、序列的《海底100層樓的家》（うみの100かいだての いえ，岩井俊雄）。以及學習0與1的差別、數的倍數與分解的《奇妙的種子》（ふしぎなたね，安野光雅）。

《奇妙的種子》
文・圖／安野光雅
上誼文化

以繪本引發孩子使用數學思考及解決問題的過程除了結合測量概念外，還可以讓孩子演出，例如：《門鈴又響了》（*The Doorbell Rang*，Pat Hutchins）。主角急著想吃剛出爐的餅乾，但因為朋友們的陸續加入而面臨餅乾可能不夠分享的兩難情境，最後奶奶無預期的出現，並為大家帶來了更多的餅乾。孩子在閱讀中可以直接感受到當越多的朋友來分享餅乾時，每個人可以得到的就變得越少。進一步了解不同數量的東西，需經過分

配來達到公平的分享，以及除法是將一組東西分割成相等的子集合的方法。

也可以透過共讀《亨利去爬山》（*Henry Climbs A Mountain*，D.B. Johnson），了解有關時間、金錢、距離的測量。另外，《夏綠蒂的撲滿》（*Charlotte's Piggy Bank*，David McKee）思考財富的累積是否與願望實現形成正比。

幼兒數學的學習必須與生活相關且富有趣味，才能引起孩子的興趣。各種放入數學觀點的故事，或將文本數學化的遊戲都有助於提升孩子的學習動機，讓他們透過閱讀建構並獲取數學的概念。

說故事能幫孩子認識情緒

沒有！我哪有生氣？

在資訊豐富，取得管道多元的世代，什麼是維持個體身心健康愉悅、人際關係良好與邁向成功的關鍵？美國情緒智商（EQ，Emotional Quotient）大師丹尼爾·高曼（Daniel Goleman）指出：「這一世代的孩子在有史以來充滿最多令人分心事物的環境中長大，注意力愈來愈薄弱，很難專注對自己情緒的覺察，也缺乏對他人專注的能力。加上少子化的成長環境，有情緒困擾的孩子愈來愈多，造成個人及社會極大的問題。」美國伊利諾大學的學術、社會、情緒學習共同研究機構（CASEL，2007）曾對三十二萬學童進行研究調查，結果發現社會情緒學習對孩子造成極大的正面效應，例如：學業成績進步、在班級裡的不良及攻擊行為減少、焦慮和沮喪等情緒障礙減少。

日本心理學者河合隼雄主張情緒好像語言，如果學習去了解別人的語言，大家就有共通的部分可以溝通。他也認為閱讀童書和心理治療中與個案的面談有相通之處，因此在他專業的兒童諮商輔導工作中常使用童書進行「書目療法」（bibliotherapy）來擴展孩子的經驗，並透過說故事、討論及創意想像的過程達到輔導孩子的目的。河合隼雄在他的著作與演講中，也鼓勵成人運用繪本裡的圖畫與文本和孩子進行討論與練習，讓孩子學到同理心、情緒控制與解決問題。好繪本必須以孩子為主體、以孩子的視點觀察事物，且具藝術美感，幫助孩子在欣賞與自己情境相通的故事時，提升自我存在感與對他人的理解力。以下以《菲力的17種情緒》（*L'imagier des sentiments de Félix*，Didier Lévy）及《我快被你氣炸了》（*Harriet, You'll Drive Me Wild!*，Mem Fox）為例，提供賞析方法及共讀活動。

《菲力的17種情緒》

這本書的設計像一本情緒小百科，主角菲力就像小讀者們一樣面臨了許多社會與情緒發展的挑戰及壓力，需要學習如何自處以及與別人相處。雖然幼兒期的語言發展與象徵性的心智能力，已能讓孩子說出自己的情緒、延緩滿足的需要，且彈性的解決人際問題，但他們缺乏足夠的互動經驗與自我控制的能力，所以必須透過反覆的練習，及得到信任的照顧者協助，才能培養出健康的社會與情緒能力。

《菲力的17種情緒》
文／迪迪耶‧李維
圖／法畢斯‧杜立爾
米奇巴克

《菲力的17種情緒》根據幼兒對自我及周遭事物感興趣的特性，設計了17種社會情境、延伸思考的問題，以及「親子對話時間」。父母可將其當作媒介，與孩子共讀

並討論，幫助孩子了解、管理與表達情緒感受，並且學習如何解決日常生活中的情緒問題，建立良好的人際關係。

情緒學習：對同理心與自我情緒的察覺

(1) 書中的菲力生氣、失望、得意與嫉妒時，會用瞪人、抱怨、蹦蹦跳跳與生悶氣的方式表現情緒。親子共讀時，可以多花些時間停留在頁面上，仔細欣賞圖像中的不同角色，在不同心情下傳神的表情與肢體動作，並朗讀文本所描述的事件和主角的情緒反應。閱讀後可以討論感想，回憶或預測：如果自己經歷同樣的情境，會有什麼樣的情緒反應。

(2) 不論孩子的情緒好壞，父母都應該鼓勵與接受他們自由的表達，並且用簡單清楚的語詞說出孩子的情緒，表明別人也可能會有類似的反應，例如：「菲力生氣了，因為他不想讓他的布偶洗澡。他用賭氣、難看的臉色與在地上打滾耍賴表現出生氣。」、「當哥哥搶你的玩具時，你是不是也很生

氣，想要大哭大叫？」

(3) 此外，父母也可以運用臉部的表情與肢體語言表現出關心與安慰孩子。然後再進一步與孩子討論可以如何表現及排解情緒，並培養正面的情緒（如愉快、滿足與充滿希望）。

(4) 若單以口頭討論對幼兒來說比較抽象，親子也可以參考書中的情境，一起模仿或用布偶玩角色扮演的遊戲。

社會學習：如何解決衝突與建立友誼

(1) 書中的菲力因為被別的孩子推擠而感覺很煩，會用力踩腳；因為遇見媽媽朋友的女兒而覺得害羞，說話變得結結巴巴。這些例子都很具體，有助於父母引導孩子思考，如何使用適當且不具攻擊性的策略來解決問題。

(2) 由於幼兒仍然相當的自我中心，喜歡聚焦在自己的需求上，並且容易以目標為導向，就像菲力心情不

好時會亂吼亂叫、亂丟心愛的玩偶一樣，其實他並不是要故意傷害別人或東西。父母應該避免以負面的語詞批評孩子的動機或行為，而是直接指出與制止不當的言行，鼓勵孩子說出想法，然後一起討論解決的方法。

(3) 人際互動上，也可以鼓勵孩子像菲力一樣，先觀察對方的表情及動作，試著用微笑化解彼此的陌生與尷尬，甚至提供一些東西作為釋放善意或彼此互動的媒介。

《我快被你氣炸了》

這是一本貼近孩子日常經驗，能夠引起共鳴的繪本，其中包含了感覺、親子關係與犯錯的概念。

活潑的哈莉不想製造麻煩，但麻煩總跟著她。哈莉的媽媽總努力控制自己不要為哈莉造成的麻煩而發脾氣，但接連不斷的意外與混亂終究讓她爆發了！當媽媽

努力調整自己的情緒，並與
哈莉互相說出自己的感覺並
道歉後，母愛又再次獲得了
確認。

《我快被你氣炸了》
文／曼・福克斯
圖／馬拉・福瑞茲
親親文化

　　透過閱讀這本書並進
行延伸活動，能夠加強孩
子的安全感，有助於了解
自己與他人的感受，進
而學習社會技巧。

閱讀前

(1) 先和孩子欣賞及討論封面，例如：你覺得哈莉和叉
　　著腰的媽媽心情如何？書名《我快被你氣炸了》讓
　　你感覺如何？

(2) 鼓勵孩子談談犯錯時的感覺，例如：你曾像哈莉一
　　樣把東西弄得滿地都是嗎？結果如何？你的感覺如
　　何？

(3) 也可以請孩子想想，犯錯時該怎麼辦？是否曾因犯錯向對方道歉？這樣會感覺好一點嗎？為什麼？

閱讀後

(1) 回顧故事，循著圖像線索談感覺，例如：當哈莉犯錯時，她的表情如何？她的媽媽感覺如何？你怎麼知道？當媽媽因哈莉將枕頭弄破而發出尖叫時，哈莉的感覺如何？你怎麼知道？

(2) 接下來讓孩子想想為什麼哈莉的媽媽會發脾氣？最後媽媽和哈莉如何處理他們的情緒及解決問題？你曾經有過類似的經驗嗎？你的感覺如何？

(3) 向孩子強調每個人都可能犯錯或情緒失控，但不會因此影響彼此的愛。

　　研究證實親子共讀對幼兒的情緒會產生正面且長期的影響，除了共讀時彼此親密的依偎，孩子能感受安全及被關愛外，適宜的提問與討論也能幫助孩子發展平穩的情緒與解決問題的能力。基於幼兒會將自己投射成故

事中的角色，學習與模仿角色的行為與態度，父母需為孩子慎選貼近生活經驗的好繪本，透過共讀引發衝突與情緒的事件，讓孩子經歷理解與認同、宣洩與淨化的情緒歷程，進而參考角色的問題解決方式，反思自己的問題，學習如何自我調整與修復情緒。

看圖說故事，說出溝通力

無字繪本的圖像之旅

　　閱讀是否一定要有文本？我們能從沒有文字的繪本學到什麼呢？我該如何和孩子一起讀無字繪本呢？這些是父母面對無字繪本時常產生的疑問。其實「無字繪本」是非常優良的閱讀媒介，是以精心設計且具某種順序的圖畫來呈現整個故事的繪本，很適合給開始進行正式閱讀的孩子閱讀。此外因為無字繪本沒有識字的限制，故事具有較開放的表達空間，常被語言治療師作為兒童語言治療的媒介，而在創意寫作訓練中，老師也喜愛用無字繪本啟發孩子。

讀圖是必要技能

　　讀圖能力是人類維持生存的一種必要技能，早在文字發明前，人類就必須去「讀」大地的徵象與聲音，以

發展出在嚴酷環境中存活的技巧。現代人也需利用圖畫標誌（例如：廣告牌，交通號誌）去適應環境的變化。而無字繪本將圖像語言彙整給孩子「讀」，讓孩子在視覺故事結構中獲得以下的益處：

獲得啟蒙的讀寫技巧

- 了解故事能夠被說、聆聽及閱讀。

- 了解故事的結構具有開始、中間及結束，其中包含了不同的角色、情節及背景。

- 在閱讀中，學到上下不顛倒、從前往後、從左往右翻閱的閱讀技巧。

- 從瀏覽圖畫到詳細觀察圖畫的細節中，找出後續情節的線索，以及領會圖像的趣味與美感。

- 從重述父母所說的故事到自創故事，練習用口語詮釋及傳達自己對故事的理解，而成為一個有能力的溝通者。

增進親子的感情

- 在愉快的氛圍中，共享樂趣及強化彼此的感情。

- 能幫助孩子學習語言，探索新的想法及溝通彼此的感覺。

- 即使是新移民父母，也能克服對於當地文字不熟稔的障礙，而能與孩子共讀。

如何練習「圖像式閱讀」？

在了解無字繪本對於孩子的益處後，還需為孩子提供適合年齡發展的優良作品。《一朵小雲》、《7號夢工廠》、《母雞釣魚去》及《冰山大作戰》符合優良無字繪本所必備的條件，他們的圖畫清楚確實，並忠實的反映故事。孩子可以指著圖畫提問及回答問題，或是重述及創新故事，練出「圖像式閱讀」的能力。以下建議適讀的年齡及方法。

《一朵小雲》／適讀年齡：2〜4歲

《一朵小雲》
圖／慕佐
親子天下

巫婆打開魔法鍋後，一朵微笑的藍色小雲飄出來，在和巫婆媽媽道別後開始了探險的旅程，其中歷經了分享、遊戲及期盼友伴的過程，最後遇到了小紅雲，彼此愉快的在一起。

這個故事符合2〜4歲孩子尋求獨立、喜愛冒險，但又尋求歸屬感的心理。白色的背景，輪廓線清晰、色彩鮮明如卡通般的圖畫，以及每頁可以當作一個獨立故事閱讀的設計，適合閱讀能力較弱，持續時間較短的小讀者。可以當概念書讀，數數其中有幾隻青蛙，看看小鳥是什麼顏色，也可以將每一頁當成一個小故事，或將整本書當作一個連續故事與孩子共讀。

《7號夢工廠》／適讀年齡：3～8歲

《7號夢工廠》
圖／大衛‧威斯納
格林文化

一群孩子參加校外教學來到帝國大廈的眺望臺，主角小男孩和淘氣的小雲做了朋友，並一起拜訪了雲層上雲朵的工作發配站。雲朵們對於自己總是統一規格化的呆板造型有所抱怨，於是小男孩發揮藝術長才，幫雲朵們設計成各式海洋生物的形狀，但引起要求制式化的雲朵設計師的不滿而遭驅逐。最後小男孩的創意影響了大家，並為曼哈頓的天空帶來驚喜的景象。

這個以圖說故事的繪本充滿友誼的溫暖，鼓勵孩子發揮創意想像，突破制式化的規定及慣性的思考模式。畫面的切割及分鏡的處理豐富精采，適合3歲以上的孩子細細品味與詮釋。

《母雞釣魚去》／適讀年齡：4歲以上

《母雞釣魚去》
圖／碧阿緹絲·胡迪傑
親子天下

　　母雞、狐狸及螃蟹家的冰箱空了，正在孵蛋的母雞將蛋交託給狐狸，與小螃蟹一起去釣魚，他們是否能順利的把魚帶回來，而狐狸是否能盡責的把蛋保護好呢？

　　這個故事吸引了對民間故事有興趣、具備簡單對錯觀念及愛好探險的4～6歲孩子。故事的結構性及流暢性佳，幽默的情節，明快的節奏，既逗趣又令人充滿了期待。

《冰山大作戰》／適讀年齡：5歲以上

　　豔陽高照下，供應整個豬村落的蓄水池快空了。大家開會商量到地球的另一端取冰解決問題，乘著熱氣船大家順利的將冰塊帶回，最後一起喝冰水及享受透過冰

《冰山大作戰》
圖／亞瑟‧蓋瑟
親子天下

塊與風扇徐徐吹來的涼風。

　　這本榮獲2011年紐約時報十大最佳插畫童書獎的蝕刻版畫無字繪本，故事及細節較複雜，結合了自然科學、邏輯思考及問題解決方法，適合5歲以上生活經驗較豐富、認知發展較成熟的孩子。美麗細膩的畫面能引發孩子的審美感，也能激發孩子創意思考，找出問題的解決法。

有因果關係的無字書

　　除了以上單本閱讀的無字書，也有具因果關係，可以彼此對照與比較的系列無字書，例如：「奇幻小鎮大發現」系列共三本，分別為《奇幻小鎮大發現：龍的時代》（*The World of Mamoko in the Time of*

Dragons）、《奇幻小鎮大發現：現代世界》（*Welcome to Mamoko*）與《奇幻小鎮大發現：西元3000年》（*The world of Mamoko in the year 3000*），屬於尋寶遊戲類無字書，是擬人化與想像的跨時代故事，採取全景式跨頁的彩繪設計，並結合藏寶地圖的形式呈現。在充滿漩渦狀曲線與對角線的路線上，同時出現各種新奇有趣的人、事、物，令人目不暇接，須集中注意力去追蹤及辨識。

孩子除了在錯綜交疊的空間畫面上須仔細觀察外，也須發揮記憶力，熟記角色們的外貌、行為，以及與他人的互動關係。例如：在《奇幻小鎮大發現：現代世界》中，出現了偵探西蒙與神祕盜賊，在你追我逃的過程中，神祕盜賊只露出褲子與鞋襪，直到最後才全身畢露，原來是一隻貓，但偵探是如何發現的呢？竟然是因為神祕外星人齊格蒙所提供的照片線索。這種角色間的相互關係，引發出配對的樂趣與故事的高潮，在尋覓及

翻頁的過程提升了孩子對人際關係的敏感度，動腦分析的遊戲也訓練出孩子的邏輯推理與預測力。奇幻小鎮大發現系列可以單本的欣賞與比較，也可以將三本書彼此對照，看看是否能找出相同、相異或關聯性，例如：在三個世界中都有獅子，在《奇幻小鎮大發現：龍的時代》，獅子是威武的國王，在《奇幻小鎮大發現：現代世界》獅子是環保藝術家，在《奇幻小鎮大發現：西元3000年》獅子成了沒戴眼鏡會橫衝直撞的冒失鬼。

　　針對這四本無字書，可以依孩子的年齡及理解度調整說故事的內容及方法。

(1) 0～2歲：

　　這時期的孩子喜歡玩尋寶遊戲，可以請他指出目標物，培養視覺追蹤能力，例如共讀時，可以請他指出書中捲捲頭阿姨。為了引起孩子的興趣，也可以和孩子玩誰先找到的遊戲。當孩子2歲開始注意文法，能說出完整句子時，可以請他指著目標物說：

「捲捲頭阿姨在這裡。」

(2) 2歲半～3歲：

這時期的孩子對故事充滿好奇，喜歡發問，雖然使用句子時常會漏說關係詞，但經練習會進步，可請他選擇書中某一跨頁進行看圖說故事。

(3) 4～6歲：

此時期的孩子已能完整的運用語言、掌握發音及文法，可以請他翻閱整本書說故事。當敘述某一跨頁圖的故事時，著重在觀察畫面中每個角色與周遭環境的互動關係。當敘述整本故事時，著重在描述同一角色行為前後的關係，以及情節的起承轉合。若孩子能完整描述一本書的內容，可以鼓勵他將三本書串連起來說故事，著重在描述不同時代生活型態的異同或是奇特處，例如：在《奇幻小鎮大發現：龍的時代》、《奇幻小鎮大發現：現代世界》竟然出現了外星人？在《奇幻小鎮大發現：龍的時代》

使用馬匹當交通工具，在《奇幻小鎮大發現：現代世界》以汽車代步，還有卡車、轎車等，在《奇幻小鎮大發現：西元3000年》則以飛行器到處穿梭。若孩子願意發揮天馬行空的想像力，說說某個角色前世、今世與來世的故事，或是編造一個時空穿梭劇也會很有趣。

將奇幻小鎮大發現系列留在孩子可以自由取閱的地方，吸引孩子主動閱讀。經過多次的反覆翻閱，孩子對於圖像的觀察將更精熟，經常能獲得不同的驚喜與收穫，每次衍生的故事也會不同。

延伸活動

(1) 藝術活動：用畫詮釋或改編故事

・請孩子仔細閱讀奇幻小鎮大發現系列
 後，畫出自我詮釋的故事，並做口頭分
 享。

・建議孩子試著模仿奇幻小鎮大發現系列
 的藝術表現方式，用尋寶及猜謎的遊戲
 方式彩繪故事。

・幫孩子將閱讀時口述的故事記下來，並
 請孩子為其文字加上圖畫。

・請孩子自由決定時空、背景、角色與情
 節後，畫出一頁或數頁集結的故事。

(2) 戲劇活動：猜猜看我是誰或我在做什麼

・親子或師生一同熟讀故事後，輪流扮演
 其中的角色及行為讓對方猜一猜。可以

提供道具（如偵探帽、放大鏡），將有
助於孩子戲劇扮演及辨識角色。

- 將孩子分成演員與觀眾組，演員組被分
派扮演不同的角色，在指定的故事場景
中表演，結束後再對換組別。表演的方
式可以用默劇或有聲劇呈現，也可以由
演員負責演，加上幕後旁白及對話配
音。

- 將書中的情節或結局做討論及改編後演
出，可以鼓勵推翻原故事的結局或加演
續集，也可以自由創作出一種以上的版
本。

(3) 數學活動：比較、數數、排序、配對

- 請孩子比較、圈點及說明奇幻小鎮大發
現系列，在不同時代的場景中有什麼相
似或相異處。

- 請孩子數數看三本書中各有幾位主角、
幾位配角？數量相差多少？他們是誰？

並整理出集合、交集與總集合。例如
《奇幻小鎮大發現：現代世界》的主角
集合：有斑馬亞歷山大、小熊奧拉夫、
兔兔小麥等。三本書的主角交集：都有
猴子、外星人、蘋果等。三本書的主角
總集合：包括鸚鵡阿達、小斑點、小豬
蘇菲亞等。

· 請孩子描述書中哪些角色有互動？他們
發生了哪些事？請他們依照出場的先後
排順序及配對。例如：在《奇幻小鎮大
發現：龍的時代》，伊格總是配著一把
雙頭斧頭，他先去找大象路易幫坐騎釘
上馬蹄鐵，然後遇見因推車壞了而煩惱
不已的斑馬小克，力大無窮的伊格幫小
克將推車中的東西搬進城堡後，小克開
心的和伊格握手道謝。接著伊格將坐騎
寄放在馬廄中，遇上了小豬騎士蘇菲
亞，他們都安撫馬兒並將其安頓好。

後來伊格獨自到地下室的健身房鍛練身體。最後伊格參加了獅子國王的盛宴，還將坐在長板凳上的高帽子姊妹高高的舉起來。

這樣以伊格為主，依發生事件順序安排的一條主軸線故事，可以讓孩子學習故事的轉折及連接詞的使用。對於較大的孩子可以鼓勵同時敘述多條支線的故事。例如：當伊格與小克分開後，各自發生了哪些故事，最後他們為何及如何重逢。

雖然閱讀無字繪本沒有識字的問題，但在父母的引導及分享中，孩子所能觀察及思考的層面會更深及更廣。對於語言學習是透過模仿、記憶，再將故事重述或創新詮釋的孩子來說，親子共讀與討論具有絕對的必要性。父母可以帶著孩子先大致瀏覽圖畫，再觀察一下細節，然後說說故事，或讓孩子猜猜故事。基於無字繪本的開放性特色，我們可以欣然接受孩

子所說的各種版本及結局。鼓勵父母或老師放下文字閱讀的習慣，拋開必須仰賴固定版本或正確答案的束縛，陪伴孩子愉快的享受開放式的閱讀經驗，優游在圖像的賞析與創意的思考中，盡情的發揮想像及邏輯思考能力。

與繪本大師的美好相遇

用童心走進孩子的世界

繪本大師艾瑞・卡爾

　　孩子從小閱讀經典除對各領域的發展有顯著的幫助外，也能培養出選擇與鑑賞好書的能力及品味。舉例來說，美國繪本大師艾瑞・卡爾（Eric Carle，1929～今）的作品深受全世界喜愛，陪伴不同世代的人成長，許多經典繪本非常適合嬰幼兒閱讀，例如：《好餓的毛毛蟲》目前已被翻譯成50多種語言，在全球暢銷了40多年。卡爾希望孩子們知道學習是好玩、愉快、有趣及滑稽的，因此書中運用新奇有趣的概念，如玩具般的設計來吸引嬰幼兒，讓他們在反覆操作中閱讀與學習。寓言、歌謠或傳說都是卡爾常創作的文學類型。他是一位編劇高手，喜歡把懸疑又幽默的故事融合科學資訊，讓閱讀除了娛樂性也蘊藏教育的意涵。卡爾精湛的拼貼藝術獨樹一幟，他先用畫筆揮灑出亮麗、帶有率性筆觸與

豐厚肌理感的色紙，然後剪裁、拼貼出不同的圖案。當這些絢麗的拼貼藝術與卡爾充滿愛和希望的文本相輔相成時，閱讀儼然成為一場文學與藝術的饗宴。以下介紹幾本嬰幼兒容易理解，又能刺激感官經驗，進而主動閱讀的精采繪本。

 ## 《棕色的熊、棕色的熊，你在看什麼？》

《棕色的熊、棕色的熊，你在看什麼？》
文／比爾·馬丁
圖／艾瑞·卡爾
上誼文化

《棕色的熊、棕色的熊，你在看什麼？》（*Brown Bear, Brown Bear, What Do You See?*）是卡爾從事繪本創作的第一件作品，也是與比爾·馬丁合作的經典傑作。卡爾生動活潑的拼貼圖畫被放大安置在跨頁的黑白背景中，很容易吸引小讀者的眼光。馬丁的文本富含押韻節奏，以「棕色的熊、棕

棕色的熊，
棕色的熊，
你在看什麼？

我看見一隻紅色的鳥
在看我。

紅色的鳥，
紅色的鳥，
你在看什麼？

我看見一隻黃色的鴨子
在看我。

色的熊，你在看什麼？」輕快的為整本書拉開序幕，接下來不同的動物：一隻紅色的鳥、一隻黃色的鴨子……在可預測的引導中陸續出現，並以重複句型進行一問一答，練習正確使用量詞、形容詞與名詞，例如：「一條」「橘色的」「魚」、「一匹」「藍色的」「馬」；也在書中發揮想像力，例如：一隻「紫色的」貓。最後所有的動物及老師依之前的出場順序排列好，由孩子們一一點名做結束。親子共讀時，可以一起沉浸在優美的韻文中玩語言與預測遊戲，也可以請孩子「讀」這本書，即使他們還不識字，透過朗讀的美好記憶與圖像暗示，都能幫助他們練習，進而建立獨立閱讀的信心。

　　一旦孩子熟悉句型模式後，可以進行延伸的寫作活動。建議準備兩張各畫有魚與馬的學習單，讓孩子為動物彩繪，並寫下圖文相對應以及相呼應的句子，如圖1及圖2。

_____魚，　　　　我在看一匹_____馬
_____魚，　　　　在看我。
你在看什麼？

　橘色的　魚，　　　　我在看一匹　黃色的　馬
　橘色的　魚，　　　　在看我。
你在看什麼？

圖1

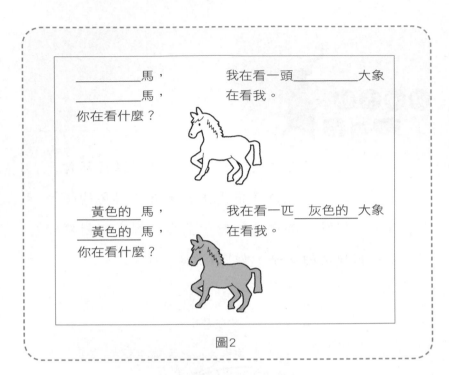

圖2

![靴子] 《好餓的毛毛蟲》

《好餓的毛毛蟲》（*The Very Hungry Caterpillar*）

這本經典繪本描述的是一隻毛毛蟲從躺在葉子上的小小

一顆卵，蛻變成一隻美麗蝴蝶的過程。由於大受歡迎，

書中的毛毛蟲幾乎已成為卡爾風格的標誌。其實卡爾剛

開始創作這本書時，是以一隻書蟲做主角，經過與編輯安·貝里杜絲（Ann Beneduce）多番討論後，才決定改用毛毛蟲做主角，希望結局呈現出蝴蝶展翅高飛的活力與希望。

這本書新穎的藝術技巧，包含媒材、設計與風格都吸引了孩子的注意，精巧的拼貼加上蠟筆的潤飾塑造出令人喜愛的圖像。特殊設計的打洞與大小不一的裁切頁面，目的是要引起嬰幼兒想用手指鑽洞

《好餓的毛毛蟲》
文·圖／艾瑞·卡爾
上誼文化

與探索的興趣，讓繪本成為適合孩子探索的玩具書。對於還不會閱讀的小寶寶，也可以鼓勵他們用手指頭扮演毛毛蟲、來回翻頁與鑽洞，並從遊戲中了解書本與閱讀的概念。當為孩子朗讀旋律優美的韻文時，可以強調食物的名稱，以及數數、配對、時間週期與數量序列的概念，例如：「星期一」牠吃了「一個」「蘋果」、「星期二」牠吃了「兩個」「梨子」。「蛻變」對孩子來說是一個神奇的轉化，代表了成熟與長大，可以透過共同討論或實際觀察幫助孩子了解。

 《好忙的蜘蛛》

《好忙的蜘蛛》
文・圖／艾瑞・卡爾
上誼文化

一早蜘蛛在農場裡開始織網，她沒有理會其他動物的邀請，直到織完網抓住了蒼蠅，然後沉沉入睡，結束了忙碌的一天。

《好忙的蜘蛛》（*The Very Busy Spider*）在簡單的情節中，傳達出每個人可以有不同的生活方式與選擇的訊息。重複句型的對話，以及用擬聲詞開始每一頁的模式，例如：「『ㄋㄟ！ㄋㄟ！』馬兒說要不要去兜兜風呀？」增添了文本的規律性與趣味感，讓孩子容易朗朗上口。最後一頁透過貓頭鷹在深夜的背景中對蜘蛛的工作發出讚美，成就了令孩子心滿意足的結局。

延伸活動

(1) 請孩子指著動物說出正確名稱，並模仿牠的聲音，例如：狗兒大聲叫「汪！汪！」，豬呼嚕嚕的說：「喔伊！喔伊！」。

(2) 也可以玩觸覺與手部精細動作的遊戲，請孩子用手指頭扮演蜘蛛，順著突起的蜘蛛網移動。

《拼拼湊湊的變色龍》

《拼拼湊湊的變色龍》
文‧圖／艾瑞‧卡爾
上誼文化

變色龍可以依環境變化自己的顏色，直到有一天他在動物園中發生了神奇的事：當他羨慕不同動物的能力時，就能擁有對方的特徵。例如：長頸鹿的黃色長脖子、紅鶴的粉紅色翅膀。最後當擁有各種動物特徵的變色龍，看到一隻蒼蠅卻捉不到時，他希望變回自己。

《拼拼湊湊的變色龍》（*The Mixed-Up Chameleon*）蘊藏尋求自我認同的寓意，運用幻想帶出動物的相關知識，頁緣的裁切與小插圖，鼓勵孩子對照文本描述的特徵並認識顏色。

延伸活動

(1) 閱讀前後可以和孩子聊變色龍會變色偽裝，但不能隨想像變樣子的事實。

(2) 也可以提供動物照片、錄影帶與實地探訪動物園，讓孩子觀察並說出動物的特徵。或者也可以提供動物特徵的線索後，讓孩子猜謎。

(3) 對於較大的孩子可以討論羨慕別人時的心情，以及該怎麼處理這種心情，幫助他們建立正面的自我概念。

　　卡爾的繪本充滿童心，用豐富的創意與童稚的話語走進孩子充滿幻想的世界，不論是藝術或文學性都獲得極高的喜愛與推崇，父母可以依照孩子的程度與興趣做選擇，提供他們一個結合美學、科學與人文關懷的愉快閱讀經驗。

繪本大師謝爾・希爾弗斯坦

　　談到要推薦孩子富詩意及哲理的經典作品，立即會想到深受成人與孩子喜愛的謝爾・希爾弗斯坦（Shel Silverstein, 1930～1999）。他的繪本童趣盎然，極富藝術性，目前已被翻譯成三十多種語言在國際發行。謝爾除了是兒童繪本大師，也兼具插畫家、詩人、劇作家、歌手及作曲家的角色。由於他的多才多藝及獨特的個人風格，使得作品溫馨中帶點古怪荒謬感，哲學思維自然流露，這種迷人的奇妙特質非常適合介紹給孩子，若加些適宜的引導，將能促進孩子的理解與思考力。以下以謝爾的三件作品為例，提供賞析的方式。

《一隻加長1/2的長頸鹿》

《一隻加長1/2的長頸鹿》
文・圖／謝爾・希爾弗斯坦
水滴文化

《一隻加長1/2的長頸鹿》（*A Giraffe and a Half*）是一首誇大、滑稽的幻想詩。讀者除了捲舌，朗讀所記憶的重複疊句外，還需發揮創意及預測力。謝爾善用角色的發展、情節的荒謬，以及詩的音韻節奏，引領讀者進行如嘉年華會喧鬧的語文遊戲。隨著故事接近尾聲，「加長1/2的長頸鹿」用合理的問題解決法，將牠身上滿載的東西一一卸除，直到變回「長頸鹿」為止，好像用收心操得意滿足的向讀者謝幕。

(1) **與學齡前孩子共讀這首滑稽的詩文時**

    (a) 可以示範如何朗讀出節奏及旋律感。

    (b) 提醒孩子根據重複的文字及近似素描的
線條畫，猜測接下來可能會發生的事
件，並請他們談談原由，看看是否與文
本模式或插圖細節中的線索有關。

(2) **與學齡孩子分享這首詩，可以解釋其中遣詞
造句的規則及結構。**

    (a) 豐富生動的語詞

        嘟嘟滴滴吹奏著的長頸鹿、頭髮上有椅
子的長頸鹿。

    (b) 有因果關係、重複及累積敘述的句型模式

        「**如果**」你幫牠穿上西裝，而牠看起來
挺可愛的……「**那麼**」，你就有一隻加

長二分之一，帽子裡有老鼠，穿上西裝，看起來挺可愛的長頸鹿。

如果你在牠的鼻頭黏上一朵玫瑰花，**那麼**，你就有一隻加長二分之一，帽子裡有老鼠，穿上西裝看起來挺可愛，鼻頭上有玫瑰花的長頸鹿。」

(c) 驚喜的結局前的句型轉變

如果你給牠一根竿子，讓牠爬出洞口……**然後**，鯨魚放開牠的尾巴，游向了郵差先生……**然後**，牠把騎到釘子的腳踏車送給正在健行的傢伙……

(d) 結尾回到原點的循環式結構

・開場——如果**你有一隻長頸鹿**……牠的頸子可以再伸長二分之一……那麼你就有一隻加長二分之一的長頸鹿。

・結局——然後，牠把頸子再縮短二分之一……那麼，**你就有一隻長頸鹿了！**

(3) 創作短詩

(a) 如果孩子願意，可以邀請他們開心的模仿這首詩的重複結構及預測性，創作一首約六到八行的短詩。

(b) 也可以幫忙孩子選擇一個提示物，例如「縮小1/2的大象」來進行創作活動。

(c) 可以與孩子共同創作，或是讓他們獨立創作，盡可能鼓勵孩子以自己喜歡的想法去創作。

(d) 最後當孩子完成一首可預測的詩時，請他們分享及朗讀。

　　這本書文本詼諧風趣，生動的插圖從堆疊累積到削減刪除，兩者互相輝映，讓孩子在聆聽、朗讀及欣賞藝術的同時，能試著去預測及記住接下來發生的事，既是一種快樂有趣的閱讀經驗，也能幫助孩子集中注意及記憶。

《失落的一角》與《失落的一角遇見大圓滿》

《失落的一角》
文‧圖／謝爾‧希爾弗斯坦
水滴文化

《失落的一角遇見大圓滿》
文‧圖／謝爾‧希爾弗斯坦
水滴文化

《失落的一角》（*The Missing Piece*）與《失落的一角遇見大圓滿》（*The Missing Piece Meets the Big O*）充滿哲學思想與詩意，文本在荒誕的幽默中蘊藏了機智，精練的遣辭用句大玩了文字遊戲，簡潔的插圖深富童趣的藝術美感。

這兩本一系列有關人際相處的寓言，透過失落的一角與缺角的圓的角度看事情。其中缺角的圓在獨處時會停下來聞聞花香、與小蟲聊聊，失落的一角磨損成小圓後與大圓滿彼此不單凝望且共同朝一方向前進等，都以指涉法將人尋求獨立自主及友伴關係的過程精闢的

傳達出來。因為所談的是人們對於愛最深層的「渴望」與「害怕」，而能引發讀者的思考與共鳴。然而如何將這深度的意涵與孩子產生連結，進而喚起他們的想像、沉思與趣味，必須透過開放、有架構性的閱讀活動來引導。以下提出活動的步驟與策略做參考。

延伸活動

(1) 透過問問題與討論，做好聆聽與朗讀的準備

　　為孩子建立背景知識，例如：「這本是《失落的一角遇見大圓滿》，讓我們看看圖，你能猜出這本是關於什麼的故事嗎？」當孩子提出他的想法後，可以回應他：「這個故事是有關失落的一角獨自坐著，等待有誰來把它帶去某個地方的故事。當我讀故事時，請你想想失落的一角在故事的最後會怎麼樣，為什麼？

還有請記住故事的開始、中間及結束發生了什麼事。」

問問題時，盡可能與孩子的真實生活經驗相關，例如：「你是否曾經和別人一起玩，但對方都不願配合？你覺得如何？你怎麼辦？結果怎麼樣？」

(2) **朗讀故事，且只為回應、評論或問問題停下來一兩次**

    (a) 一面朗讀，一面用問題引導孩子思考，例如：「為什麼缺角的圓找到了失落的一角後，卻又溫柔的放下？」若孩子沒有反應，可以把問題改為敘述句，例如：「當缺角的圓找到失落的一角後，卻再也唱不成歌，而把它溫柔的放下。」

    (b) 也可以讓孩子預測接下來的情節，但主要的討論留在朗讀完後進行。為鼓勵孩子參與及體會語言的樂趣，可以

先朗讀一行，再請孩子重複朗讀，並強調疊句的形式與節奏感，例如：「哦，我要去尋找我失落的一角，我要去尋找我失落的一角。嗨——呦——呦！出發嘍！去尋找我失落的一角。」

(3) 朗讀完後討論

可以請孩子邊看圖邊重述故事，表現他們對於情節及順序的理解。然後以提問聚焦在預測上，例如：「如果失落的一角沒有將角磨損、開始滾動，你認為它會怎麼樣？」「你覺得失落的一角會和大圓滿成為朋友嗎？為什麼？」

以上的閱讀過程能為親子共讀設立一個目標，建立架構幫助孩子組織及擷取兩本繪本的內容，促進他們的哲學思考與理解力，進而將故事內化而加以應用。謝爾的精采作品非常多，如《閣樓上的光》（水滴文化）、《人行

道的盡頭等》（水滴文化）等都值得一一品味。誠如謝爾所說：「如果你有夢想，請進來，如果你有夢想、心願、滿腹謊言，還會希望、會禱告、買魔法豆⋯⋯如果你是個偽君子，請坐到我的火爐旁。我們一起編織金光閃閃的故事。請進來！請進來！」引導孩子進入謝爾的真實與想像的世界，一起編織各種有趣的故事吧！

國家圖書館出版品預行編目資料

繪本小學堂：與0-6歲孩子一起悅讀 / 葉嘉青作. -- 初版. --
　臺北市：幼獅, 2018.09
　　面；　公分. -- (生活閱讀)
　ISBN 978-986-449-120-9(平裝)
　1.親職教育 2.閱讀

528.2　　　　　　　　　　107012055

生活閱讀

繪本小學堂——與0－6歲孩子一起悅讀

作　　者＝葉嘉青
照片拍攝＝莊崇賢、羅文喬、葉華裔
內頁繪圖＝南君
出 版 者＝幼獅文化事業股份有限公司
發 行 人＝李鍾桂
總 經 理＝王華金
總 編 輯＝劉淑華
副總編輯＝林碧琪
主　　編＝林泊瑜
編　　輯＝黃淨閔
美術編輯＝李祥銘
總 公 司＝10045臺北市重慶南路1段66-1號3樓
電　　話＝(02)2311-2832
傳　　真＝(02)2311-5368
郵政劃撥＝00033368

印　　刷＝龍祥印刷股份有限公司
定　　價＝300元
港　　幣＝100元
初　　版＝2018.09
書　　號＝982065

幼獅樂讀網
http://www.youth.com.tw
e-mail:customer@youth.com.tw
幼獅購物網
http://shopping.youth.com.tw/

行政院新聞局核准登記證局版臺業字第0143號